Hanns Dieter Hüsch

Das Schwere leicht gesagt

HERDER / SPEKTRUM
Band 4274

Das Buch

„Stellt die Meinungen ein, daß die Liebe gedeiht. Laßt die Liebe blühen, daß der Frieden wächst." Hanns Dieter Hüsch ist einer der bekanntesten Quer- und Gegendenker der Republik. Er macht das, was uns auf der Seele lastet, leicht durch ein Schmunzeln, ohne je oberflächlich zu werden. Er verleiht denen seine Sprache, denen es die Stimme verschlagen hat. Nie hält er den Mund, auch wo viele schweigen. Er bekennt Farbe, wo die Unverbindlichkeit sich anpaßt. Hanns Dieter Hüsch zeigt sich hier von seiner tröstlichen und hoffnungsvollen Seite. Er geht in die Tiefe menschlichen Lebens, ohne am Boden zu kleben, denn: „Die Wolken sind der Fußboden des lieben Gottes". „Und wenn ich mit Menschen- und mit Engelszungen ... und hätte der Liebe nicht", diese biblische Norm, ebenso Brechts „Wollt nicht in Zorn verfallen, denn alle Kreatur braucht Hilf von allen", das sind die Leitfäden seiner Phantasie, seines Protests und seiner Zuversicht, immer heiter – trotz allem.

Der Autor

Hanns Dieter Hüsch, geb. am 6. 5. 1925 in Moers. Nach kurzem Studium erst der Medizin, dann der Theaterwissenschaft und Literaturgeschichte, wurde er 1947 Kabarettist, anfänglich mit Soloprogrammen, von 1956 bis 1962 im Ensemble Arche Noah, danach hauptsächlich wieder mit Soloprogrammen. Verleihung des Deutschen Kleinkunstpreises, der Ehrenbürgerwürde der Johannes-Gutenberg-Universität Mainz und Gutenberg-Plakette der Stadt Mainz. Hüsch lebt in Köln, ist aber mit seinen Gedankengängen meist unterwegs.

Hanns Dieter Hüsch

Das Schwere leicht gesagt

Mit einem Vorwort herausgegeben von
Uwe Seidel

Herder
Freiburg · Basel · Wien

Quellenhinweis

Die Rechte für den Text **Teile und herrsche nicht** (Seite 49) liegen beim Satire Verlag in Rogner & Bernhard GmbH & Co. Verlags-KG, München. Die Texte **Mein Testament** (Seite 53), **Lasset den Himmel hoch oben** (Seite 66), **Wenn die Krieger kommen** (Seite 124), **Ich sehe ein Land mit neuen Bäumen** (Seite 140) sind dem Buch „Du kommst auch drin vor", Kindler Verlag GmbH, München, entnommen. Die Rechte liegen beim Verlag.

Gedruckt auf umweltfreundlichem,
chlorfrei gebleichtem Papier

8. Auflage

Lizenzausgabe des tvd-Verlags, Düsseldorf (3. Auflage 1993)

Herstellung: Freiburger Graphische Betriebe 1998
Umschlaggestaltung: Joseph Pölzelbauer
Umschlagfoto: dpa
ISBN 3-451-04274-6

Inhalt

Ein gutes Wort als Vor-Wort für Hanns Dieter Hüsch

Was ist das für ein Phänomen,
wenn sowohl alte als auch junge Leute
an seinen Lippen hängen
und seine Worte aufsaugen
als seien sie selber trockene Schwämme;
wenn sie ihn als Propheten anerkennen,
der ihnen nicht nur menschlich begegnet,
sondern im Dickicht der Meinungen
Schneisen zeigt und Richtungen weist?

Ein *gutes* Wort
diesem Menschen-Freund,
der die Menschen nicht in Grund und Boden verdammt,
im Gegenteil:
Er zieht sie aus den Tiefen und macht immer wieder Mut
zum eigenen Weg und Leben.
Er schreibt nichts vor,
zeigt aber deutlich auf,
wo die „Liebe wächst und der Frieden gedeiht".

Ein *gutes Wort*
diesem Erzähler und schmunzelnden Beobachter
mit seinen großen und kleinen Geschichten,
in denen wir uns wiedererkennen
mit unseren Ecken und Kanten,
mit unseren kleinen und großen Fehlern.
Immer wieder lehrt er uns das Lächeln über uns.
In einer Zeit voller Meinungs-Fesseln entfesselt er uns
und führt uns aus den Engen heraus,
zeigt uns Weite und Horizont
über Konfessionen und Religionen hinaus.

Ein *gutes* Wort
diesem einfachen Menschen,
dem Bescheidenen, der die große Pose nicht liebt,
dafür aber die leisen Zwischentöne in seine Zeilen einbringt,
in denen wir wieder und wieder vorkommen;
der sich in unserer Zeit,
in der der Teufel los ist,
mit aller Kraft dem Himmel entgegenstreckt
und die Hölle einfach in Ruh' läßt.

Ein *gutes* Wort
dem ehrlichen Bekenner,
der seine Botschaften den vorgefaßten Vorurteilen entgegensetzt,
seine Menschlichkeit durchscheinen läßt, wenn auch alles verdunkelt scheint,
und uns reizt, diesen Weg
voller Hoffnung und Zuversicht mitzugehen.
Wenn er seinen Zeigefinger hebt, droht er nicht,
er lächelt vielmehr und verbindet uns mit seiner
unwiderstehlichen Güte für Mensch und Welt.
Und redet und predigt,
daß noch nicht alle Welt verloren ist;
der die Liebe gegen die Ohnmacht setzt
und die Freundlichkeit dem Gleichgültigen
ins Herz lächelt.

Ein *gutes* Wort
dem weisen Erkenner,
der mit seinen Träumen
den harten Boden der Wirklichkeit durchpflügt
und seine Saat aus Sehnsucht
und einem lächelndem Christus aussät,
unorthodox und ungewöhnlich
als Querdenker und Prophet,

ganz im biblischen Sinne,
diesem Menschen alle guten Worte
auf den Kopf zugesagt,
ins Herz geschrieben,
in die Seele geatmet.

Dir,
Hanns Dieter Hüsch,
bleib gut behütet!
Dein

Uwe Seidel

EINLEITUNG

Ich soll dieses Buch ein bißchen „einleiten". Nun frag ich mich schon seit Tagen, wie?
Eigentlich ist alles gesagt, geschrieben und gedruckt worden. Und uneigentlich wäre dem deshalb nichts mehr hinzuzufügen. Vielleicht noch, daß ich nicht mehr ganz genau weiß, wann ich mit meinen sogenannten theologischen Texten begonnen habe, und wann solche Texte – bei einem Kabarettisten ungewohnt und bei einem Satiriker gar nicht denkbar – plötzlich von mir geschrieben und vorgetragen wurden. Vorgetragen eben nicht vor einer Gemeinde, auf einer Kanzel, sondern in einem Kabarett-Programm, auf Reisen von Stadt zu Stadt, von Bühne zu Bühne.
Ich weiß nur noch, daß neben meinen frühen gesellschaftskritischen Attacken immer poetisch-küchenmenschliche Geschichten standen, und daß ich meine Programme gerne mit sogenannten nachdenklichen Nachhauseweg-Gedichten abschloß, in denen immer Freundlichkeit, Geduld und Nachsicht empfohlen wurden.
Ich weiß auch noch, daß ich 1956 am Rande des Kirchentages mit dem Kabarett-Ensemble Arche Nova mit einem Programm umherzog, an dessen Ende Pfarrer Horst Simanowski aus dem Publikum fragte: Ja, was soll denn das alles, sollen wir sie nun lieben diese Welt oder nicht? Sollen wir sie lieben?
Und wir dann von der Bühne antworteten: Wir wollen es üben! Ich weiß auch noch, daß in einem meiner ersten Lieder, nämlich im „Kinderkreuzzug", die Kinder vor dem Einschlafen sagen: „Die Wolken sind der Fußboden des lieben Gottes."
Es ist viel zusammengekommen in all den Jahren, wie bei allen Menschen, Tröstliches und Unverzeihliches, Mutloses und Hoffnungsvolles, Privates und Beruf-

liches, doch immer mehr verdrängte die Zuversicht die Angst, immer mehr beeindruckte mich das Wort: Fürchtet Euch nicht!
Ich, der ich gerne dem Spiel mit ironischen Versatzstücken aus unserem Leben zuneige, reinen Spaß am wertfreien Spott habe, gelegentlich auch als engagierter Volkstribun auftrat, ging immer mehr auf die für mich wichtigste Stelle in der Bibel zu, nämlich auf: „Und wenn ich mit Menschen und mit Engelszungen... und hätte der Liebe nicht", 1. Korinther 13.
Diese Stelle und Brechts „Wollt nicht in Zorn verfallen, denn alle Kreatur braucht Hilf' von allen", sind meine Leitfäden, wenn es gilt, sich zu erklären, Rede und Antwort zu stehen und auch, wenn man bei einigen in Ungnade fällt, weil man aus ihrer „Schublade" ausgestiegen ist.
Wer einmal den berühmten Christus-Film von Zefirelli gesehen hat, in dem Christus vor Pilatus steht, der gerade von einem siegreichen Feldzug zurückgekehrt ist, und nun Jesus umkreist und ihn fast anfleht, doch nur ein Wort zu sagen und er sei gerettet, und Christus „ihm nicht auf ein Wort antwortet", weil wahrhaftig sein Reich nicht von dieser Welt, seine Geschichte nicht von dieser Geschichte ist, dem werden alle ideologischen Schubladen verdächtig, dem werden wirklich alle Weissagungen Stückwerk, der fängt an neu zu denken und zu fühlen. Das heißt ja nicht, daß man in dieser Geschichte die Hände in den Schoß legt, sein Wort nicht hält und die Erde verkommen läßt. Im Gegenteil, es heißt die Solidarität der Kreaturen auszurufen, auf daß mit Menschen keine „Geschichte" mehr gemacht werden kann.
Nicht zuletzt komme ich immer wieder dadurch zu meinen „theologischen Texten", weil ich meine, mich in die zweite Reihe stellen zu müssen, weil ich einfach spüre, daß mir sehr oft jemand über die Schulter sieht

und mit mir schreibt. Es gibt Textmomente, da weiß ich ganz genau, das ist nicht von dir, das hast du nicht geschrieben, da hat der liebe Gott nachgeholfen. Gewiß, viele Aufgeklärte halten das für einen Rückfall ins Kindische. Sollen sie. Ich jedenfalls fühle mich nicht allein, Gott läßt mich nicht im Stich, ich habe großes Vertrauen zu ihm, er allein erlöst mich, wird mich in seine Arme nehmen und dorthin führen, wo ich erwartet werde.

Hanns Dieter Hüsch

FÜR WEN ICH SINGE...

Für wen ich singe
Wir – Die wir hier versammelt sind
Die einen machen die Vorschläge
Sie sagen – Idealismus ist ein Intelligenzdefekt
Anstoß zum Frieden
Frieden – fängt beim Frühstück an
Utopie – Ich seh' ein Land
Gedankengang – Willst du einen Krieg verhindern
Tatsachen – Wo man auch hinflieht
Zeitansage – Wir leben in einer gespaltenen Welt
Religiöse Nachricht – Gott sei aus der Kirche ausgetreten...
... so gegen 21.30 Uhr
Das Wort zum Sonntag – Parodie
Choral – Es ist dem Menschen beigegeben
Prolog – Zufällig Deutscher
Eine Frage für zwei – Was kommt zuerst

1

FÜR WEN ICH SINGE...

Ich sing für die Verrückten
Die seitlich Umgeknickten
Die eines Tags nach vorne fallen
Und unbemerkt von allen

An ihrem Tisch in Küchen sitzen
Und keiner Weltanschauung nützen
Die tagelang durch Städte streifen
Und die Geschichte nicht begreifen

Die sich vom Kirchturm stürzen
Die Welt noch mit Gelächter würzen
Und für den Tod beizeiten
Sich selbst die Glocken läuten

Die an den Imbißtheken hängen
Sich weder vor- noch rückwärts drängen
Und still die Tagessuppe essen
Dann alles wieder schnell vergessen

Die mit den Zügen sich beeilen
Um nirgendwo zu lang zu weilen
Die jeden Abschied aus der Nähe kennen
Weil sie das Leben Abschied nennen

Die auf den Schiffen sich verdingen
Und mit den Kindern Lieder singen
Die suchen und die niemals finden
Und nachts vom Erdboden verschwinden

Die Wärter stehen schon bereit mit Jacken
Um werkgerecht die Irrenden zu packen
Die freundlich auf den Dächern springen
Für diese Leute will ich singen

Die in den großen Wüsten sterben
Den Schädel schon in tausend Scherben
Der Sand verwischt bald alle Spuren
Das Nichts läuft schon auf vollen Touren

Die sich durchs rohe Dickicht schieben
Vom Wahnsinn wund und krank gerieben
Die durch den Urwald aller Seelen blicken
Den ganzen Schwindel auf dem Rücken

Ich sing für die Verrückten
Die seitlich Umgeknickten
Die eines Tags nach vorne fallen
Und unbemerkt von allen

Sich aus der Schöpfung schleichen
Weil Trost und Kraft nicht reichen
Und einfach die Geschichte überspringen
Für diese Leute will ich singen.

WIR

Die wir hier versammelt sind
In Frieden und Freude
An diesem Tag mit unserem Herrn über alle Welten
Unserem Herrn der alles berührt und bewegt
Der uns Lachen und Weinen geschenkt hat
Hoffnung und Heimat
Wir wollen versuchen von dem heutigen Tage an
Mit seiner Hilfe wieder aufs Neue
Unsere Gewohnheitsgedanken abzulegen
Und unsere üblichen Redensarten aufzugeben

Und abzusagen alle gestrigen Begründungen und Erklärungen
Die da lauten:
„Ich seh das gar nicht ein
Warum denn immer ich
Da müßt ich ja schön blöd sein
Soll erstmal doch der Andere
Ich denke gar nicht dran
Wer denkt denn schon an mich"
Und so weiter
Nun die Jahreszeiten scheinen verbraucht
Die Monate haben oft nicht gehalten
Was sie versprachen jahrhundertelang
Die Seele setzt Grünspan an
An vielen Ecken und Kanten sitzen Zweifel und Resignation
Auf den Plakaten immer wieder enorme Köpfe und ausgesuchte Krawatten
Wir flüchten in praktische Programme
Und sind stolz auf jede kleine Realitätsbewältigung
Unser Auge trägt Trauer
Unser Herz wartet auf Erlösung
Die Erdteile können sich nicht einigen
Auf der ganzen Welt gibt es Folterschulen
Zur Ausbildung von Folterknechten
Die Ideologen zeigen ihre Visitenkarte
Hinter den Ideologen stehen die Funktionäre
Hinter den Funktionären stehen die Menschenhändler
Hinter den Menschenhändlern stehen die Waffenhändler
Hinter den Waffenhändlern stehen
die apokalyptischen Reiter
Ganz zu schweigen
Von den kleinen Krankheiten
Die jetzt schon in den kleinen Schläfen stecken
Von den täglichen Katastrophen in den besten Familien

Ganz zu schweigen
Ganz abgesehen davon daß die Hoffnung sich dünne macht
Und jeglicher Trost an Wahrheitsgehalt verliert
Wir wollen doch nicht so tun
Als hätten wir alles und jedes im Griff
Als wären wir rundum glücklich
Als wären wir wirklich zufrieden an Leib und Seele
Als hätten wir alles bewältigt
Aus dem FF
Wir wollen doch nicht so tun
Als wäre die Welt schon zu Ende gedacht
Unser Leben ein ausgelassenes fröhliches Lied
Wie oft sind wir ratlos und ohne Sprache
In unseren Köpfen kreisen Konflikte
Und jeder Stein wird zum Mühlstein
Und jeder Mühlstein zum Grabstein
Darum Herr
Nimm unsere Hände und führe uns auf den Weg der Versöhnung
Mit allen Menschen und allen Welten
Erlöse uns von unserer Blindheit
Und führe uns immer wieder an den Anfang aller Versöhnung
Nämlich: Schenke uns ein Segelschiff voller Liebe
Und lass uns über Deine Meere fahren
Zu Deinen Ufern und zu Deinen Menschen
Überall in Deinem All
Mit Deinem Zeichen in unseren Augen
Das heißt LIEBE
Das sind Friede und Versöhnung
Das sind frohe Botschaft und Himmelsgruß
Das sollen unsere Gedanken heute sein
Nur Gottes Land hat Hand und Fuß.

DIE EINEN

Die einen machen die Vorschläge
Und die anderen
Das sind die
Denen die Vorschläge gemacht werden
Die einen machen die Vorschläge
Und die anderen
Müssen die Vorschläge
Mehr oder weniger
Recht und schlecht annehmen
Es ist natürlich immer gut
Zu denen zu gehören
Die die Vorschläge machen
Und nicht zu denen
Die die Vorschläge
Mehr oder weniger
Recht und schlecht annehmen müssen

Ich glaube
Sagte neulich ein Freund zu mir
Ich werde mich langsam von den geschichtlichen Strömungen
Und den gesellschaftlichen Bewegungen verabschieden
Das glaube ich nicht
Sagte ich
Doch doch sagte er
Ich bin wirklich von interesselosem Wohlverhalten
Das glaube ich nicht sagte ich
Doch doch sagte er
Ich verlasse mich nicht mehr auf die Welt
Sagte er
Ich verlasse mich auf meine Frau
Jeden zweiten Tag
Sagte er

Liegt doch in unsrem Briefkasten
Eine völlig neue Religionsgemeinschaft
Natürlich mit Zahlkarte
Dann klingelt's
Ein Mann steht vor der Tür
Mit zwei güldenen Eimern
Ich öffne
Der Mann grinst und sagt:
Ich bin der Honigmann!
Oh Nein!!!
Montags kommen die Belästiger
Dienstags die Optimisten
Bei uns herrscht Optimismus
Bei uns herrscht Wachstum
Bei uns herrscht Freiheit
Bei uns herrscht Ordnung
Bei uns herrscht Vernunft
Bei uns herrscht Arbeitslosigkeit
Bei uns herrscht alles
Alles herrscht bei uns
Naja wenn wir schon keine klassenlose
Gesellschaft haben
Dann wenigsten eine arbeitslose
Oder präziser was noch viel schlimmer ist
Eine Gesellschaft mit Arbeitslosen
Oder noch präziser
Eine Gesellschaft die sich Arbeitslose hält
Eigentlich
Sagte mein Freund
Kann man sich doch
An den Geschäften dieser Welt
Gar nicht mehr beteiligen
Ob es sich um Kunsthandel
Maschinenhandel
Geldhandel oder Brothandel dreht
Es bleibt immer Menschenhandel

Sie sagen
Idealismus ist ein Intelligenzdefekt.
Ich glaube es nicht

Sie sagen
Die Bergpredigt wäre nicht so gemeint.
Ich glaube es nicht

Sie sagen
Du sollst nicht töten ist so zu verstehen, daß...
Ich glaube es nicht

Sie sagen
Bei etwas gesundem Menschenverstand
Müßte doch jeder...
Ich glaube es nicht

Sie sagen
Selbst Christus würde, wenn er heute...
Ich glaube es nicht

Und wenn man mir Berge
Schwarzen und roten Goldes verspricht
Ich glaube es nicht

ANSTOSS ZUM FRIEDEN

Stellt die Meinungen ein
Daß die Liebe gedeiht
Laßt die Liebe blühen
Daß der Frieden wächst
Laßt den Frieden in Euer Herz
Daß die Menschen erlöster aussehen
Befreit den Menschen
Damit er von den Ansichten läßt
Und die Meinungen einstellt
Und sagen kann
Ich bin für Dich
Und nicht gegen Dich
Ich bin mit Dir
Und nicht vor Dir oder nach Dir
Ich bin neben Dir und nicht über Dir
Ich bin bei Dir
Auch wenn Du gegen mich bist
Laßt uns Gottes versammelte Großzügigkeiten werden
Und seine Artisten sein
Die Welt überwinden
Nicht mit Leichtigkeit gewiß
Aber mit Zuversicht
Geduld und Freundlichkeit
Laßt uns Nachsicht üben
Wo andere den Schlußstrich ziehen
Laßt uns spielerisch auftreten
Wo andere mit dem Fuß aufstampfen
Laßt uns Feinde in Freunde verwandeln

Darum stellt die Meinungen ein
Daß die Liebe gedeiht
Laßt die Liebe blühen
Daß der Frieden wächst
Laßt den Frieden in Euer Herz

Daß die Menschen erlöster aussehen
Befreit den Menschen
Damit er von den Ansichten läßt
Und die Meinungen einstellt
Und sagen kann
Ich bin für Dich
Und nicht gegen Dich
Ich bin mit Dir
Und nicht vor Dir oder nach Dir
Ich bin neben Dir
Und nicht über Dir
Ich bin bei Dir
Auch wenn Du gegen mich bist

Viele sagen
Das sei ihnen unmöglich

Andre sagen
Das entspräche nicht ihrem gesunden Menschenverstand
Es kann auch nicht unserem Verstande entsprechen
Es kann nur der Liebe Gottes entsprungen sein
Und ist ein Geschenk außerhalb unserer Reichweite,
Außerhalb der Geschichte
Öffnen wir unsere Augen und unsere Herzen und nehmen wir endlich das Geschenk an
Es ist unsere einzige Chance Weltfrieden zu machen
Und allen Menschen ein Wohlgefallen zu bereiten

FRIEDEN

Frieden fängt beim Frühstück an
Breitet seine Flügel
Fliegt dann durch die Straßen
Setzt sich auf die Dächer dann
Großer Sehnsuchtsvogel
Breitet seine Flügel aus
Daß Friede sei in jedem Haus
Opa wiegt das Enkelkind
Auf den alten Knien
Zeigt dem Kind den Vogelflug
Wie der Knecht den Herrn ertrug
Und der Vogel fliegt sich wund
Von Bucht zu Bucht von Sund zu Sund
Trägt sein Zeichen vor sich her
Von Land zu Land von Meer zu Meer
Daß der Mensch sein Leid erkennt
Von Kontinent zu Kontinent
Bis die Taube nicht mehr kann: –
Frieden fängt beim Frühstück an

UTOPIE

Ich seh' ein Land mit neuen Bäumen.
Ich seh' ein Haus aus grünem Strauch.
Und einen Fluß mit flinken Fischen.
Und einen Himmel aus Hortensien seh' ich auch.

Ich seh' ein Licht von Unschuld weiß.
Und einen Berg, der unberührt.
Im Tal des Friedens geht ein junger Schäfer,
der alle Tiere in die Freiheit führt.

Ich hör' ein Herz, das tapfer schlägt,
in einem Menschen, den es noch nicht gibt,
doch dessen Ankunft mich schon jetzt bewegt.
Weil er erscheint und seine Feinde liebt.

Das ist die Zeit, die ich nicht mehr erlebe.
Das ist die Welt, die nicht von uns'rer Welt.
Sie ist aus feinstgesponnenem Gewebe,
und Freunde, glaubt und seht: sie hält.

Das ist das Land, nach dem ich mich so sehne,
Das mir durch Kopf und Körper schwimmt,
mein Sterbenswort und meine Lebenskantilene,
Daß jeder jeden in die Arme nimmt.

GEDANKENGANG

Willst du einen Krieg verhindern,
mußt du viele Worte machen.
Lärmen, schreien, singen,
lachen, streiten, rufen, reden.

Wenn's nur einer ist,
o töricht.
Alle müssen schrei'n,
miteinander sprechen.
Auf der ganzen Welt.
Was uns jetzt am Leben hält:
alle müssen's sein.
Wenn die hohen Herren schweigen,
uns nur noch den Rücken zeigen,
und mit Staub und Asche spielen,
müssen wir uns selbst
zu Friedenswaffen machen,
und in allen Menschensachen
miteinander reden, denken, fühlen.

Kopf an Kopf
und Haut an Haut.
Keine Kälte kann uns trennen.
Bis wir stark und deshalb heiter
ernst und ruhig sagen können:

Der Krieg ist tot.
Der Mensch lebt weiter.

TATSACHEN

Wo man auch hinflieht
Sagen die Leute
Überall wird's nicht anders sein und werden

Wo man auch hinkommt
Sagen die Leute
Überall Feindschaft auf Erden

Wo man auch hindenkt
Sagen die Leute
Überall keinerlei Ausweg und Licht

Wo man auch hinguckt
Sagen die Leute
Überall Krieg Hunger und Sklaverei

Wo man auch hinhört
sagen die Leute
Überall List Lug und Giftmischerei

Wo man auch hinsieht
Sagen die Leute
Überall Haß Roheit und Meuchelmord

Wo man auch hinhorcht
Sagen die Leute
Überall Angst Flucht und kein ehrliches Wort

Wo man auch hinspricht
Sagen die Leute
Man hört uns man hört uns nicht

Aber es gibt sie noch die es hören
Überall gibt es sie
Dreht euch nur um
Leise sind sie um nichts zu zerstören
Niemand von ihnen will uns verhören
Keiner ist öffentlich oft zu sehn
Da sind sie hier sind sie überall
Dabei geblieben
Dabeigebliebene
Bleibende
Bleibende bauen das Bleibende
Das Nichtzubeschreibende
Das Nichtzubelehrende
Das Nichtzuerklärende
Die LIEBE überall dort und hier

WIR
Die Tatsachen sprechen dafür.

ZEITANSAGE

Wir leben in einer gespaltenen Welt, mit unseren geteilten Köpfen und Herzen.
Wir nehmen unsere absurde Zeit schon gar nicht mehr wahr.
Wir sehen alles und sehen nichts.
Wir wissen alles und wissen nichts.
Wir lesen drauf los um unsere Seele zu retten.
Wir retten nichts, wir hören nichts.
Wir hören alles und erkennen nichts.
Wir sehen die Plakate und merken nichts.
Darauf steht: „Ich rauche gern."
Wir sehen einen freundlichen jungen Mann oder ein nettes junges Mädchen und beide sagen: „Ich rauche gern."
Und unten am Rande steht geschrieben: „Der Bundesgesundheitsminister: Rauchen gefährdet Ihre Gesundheit."
„Aber ich rauche gern" sagt der junge Mann, sagt das junge Mädchen.
Wir lesen alles und lesen nichts.
Wir verstehen alles und verstehen nichts.
Die Welt ist gespalten. Warum kein Plakat „Ich rauche nicht mehr" mit den gleichen jungen Menschen drauf?
Und wir lesen „Ich rauche nicht mehr", aber wir lesen alles und lesen nichts.
Wir haben keine Plakatwände, wir haben keine Lobby.
Und es könnte eines Tages vielleicht sogar ein Plakat geben mit einem frischen, fröhlichen Soldaten darauf, der spielt mit einer Maschinenpistole und sagt auf dem Plakat: „Ich spiele gern."
Und am Rande steht geschrieben: „Der Bundesverteidigungsminister: Das Spielen mit dieser Waffe gefährdet Ihre Gesundheit."

Wir wissen alles und wissen nichts.
Wir leben in einer gespaltenen Welt. Der Mensch wird in einen Abgrund gelockt und dann wird ihm gesagt: „Du, wir haben dich frühzeitig gewarnt. Wir haben auf die Gefahren aufmerksam gemacht. Schließlich hat der Mensch ja einen freien Willen." So einfach ist das, so einfach. Doch wenn das so einfach ist, könnte man ja auch die ganze Werbung wegfallen lassen und freiwillig aufhören, den Menschen zu nötigen. Wir würden ganz neue Plakate aufstellen, unsere Plakate. Plakate voll Hoffnung und Zärtlichkeit, auf denen Gottes Wunder verkündigt werden.
Plakate voller Zuversicht und Zukunftswärme.
Plakate, die zum Leben verführen und nicht zum Sterben.
Plakate, die die Liebe erklären und nicht den Krieg.
Plakate, die nicht nach Gewinn trachten, sondern Brot und Wein für alle versprechen.
Plakate, auf denen ein Fest angesagt wird, ein Fest, auf dem alle sich zeigen und freuen, reden und trinken, tanzen und lachen. Gottes Plakate sollten vom Himmel regnen, uns begleiten von Häuserwand zu Häuserwand, uns fröhlich machen, die Enttäuschten wieder lachen machen, die Verbitterten wieder glücklich machen, die Hoffnungslosen wieder zuversichtlich.
So daß wir wieder, wenn wir nichts lesen, alles lesen, nichts wissen, alles wissen, weil wir Gottes Kinder sind.
So daß unser Ende ein Anfang ist und sein Anfang unser Ende.
Weil unsere Furcht die Ehrfurcht ist. Und so wird seine Liebe unsere Phantasie und seine Phantasie unsere Liebe. Die Welt ist wieder eins und wir sind eins mit ihm, durch sein Wort und seine Ewigkeit.

RELIGIÖSE NACHRICHT

Als die Nachricht um die Erde lief,
Gott sei aus der Kirche ausgetreten,
wollten viele das nicht glauben.
„Lüge, Propaganda und Legende", sagten sie,
bis die Oberen und Mächtigen der Kirche
sich erklärten und in einem sogenannten Hirtenbrief
folgendes erzählten:

„Wir, die Kirche, haben Gott, dem Herrn,
in aller Freundschaft nahgelegt,
doch das Weite aufzusuchen,
aus der Kirche auszutreten und gleich alles
mitzunehmen, was die Kirche immer schon gestört.
Nämlich seine wolkenlose Musikalität,
seine Leichtigkeit und vor allem
Liebe, Hoffnung und Geduld.
Seine alte Krankheit, alle Menschen gleich zu lieben
seine Nachsicht, seine fassungslose Milde,
seine gottverdammte Art und Weise alles zu verzeihen
und zu helfen, –
sogar denen, die ihn stets verspottet;
seine Heiterkeit, sein utopisches Gehabe,
seine Vorliebe für die, die gar nicht an ihn glauben,
seine Virtuosität des Geistes überall und allenthalben,
auch sein Harmoniekonzept bis zur Meinungslosigkeit,
seine unberechenbare Größe und vor allem,
seine Anarchie des Herzens – usw....
Darum haben wir, die Kirche, ihn und seine große Güte
unter Hausarrest gestellt,
äußerst weit entlegen, daß er keinen Unsinn macht,
und fast kaum zu finden ist."

Viele Menschen, als sie davon hörten,
sagten: „Ist doch gar nicht möglich!
Kirche ohne Gott?
Gott ist doch die Kirche!
Ist doch eigentlich gar nicht möglich!
Gott ist doch die Liebe,
und die Kirche ist die Macht,
und es heißt: ‚Die Macht der Liebe!'
Oder geht es nur noch um die Macht?!"
Andere sprachen: „Auch nicht schlecht,
nicht schlecht; Kirche ohne Gott!
Warum nicht, Kirche ohne Gott!?
Ist doch gar nichts Neues,
gar nichts Neues!
Gott kann sowieso nichts machen.
Heute läuft doch alles anders.
Gott ist out, Gott ist out!
War als Werbeträger nicht mehr zu gebrauchen."
Und:
„Die Kirche hat zur rechten Zeit das Steuer
rumgeworfen."
„Kirche ohne Gott!" das ist der Slogan.
Doch den größten Teil der Menschen
sah man hin und her durch alle Kontinente ziehn,
und die Menschen sagten:
„Gott sei dank!
Endlich ist er frei.
Kommt, wir suchen ihn!"

*(Auf dem Liturgischen Fest in der Waldbühne
23. Deutscher Evangelischer Kirchentag, Berlin 1989)*

... SO GEGEN 21.30 UHR

Der liebe Gott zum Beispiel
Ich weiß nicht ob Sie das wissen
Soll übrigens ein hervorragender Akkordeonspieler sein
In seiner Freizeit
Er hat ja im Himmel schon seit langem
Allerdings nach heftigen Tarifkonflikten
Den 16-Stunden-Tag eingeführt
Und in seiner Freizeit
Verzeihung
In seiner sinnvollen Freizeit
Freizeit ist ja nur sinnvoll
Wenn sie sinnvoll ist
Setzt sich der alte Herr vor seinen Himmel
Und spielt einige Musette-Walzer
Und wenn man so gegen 21.30 Uhr
Mal ganz still ist
Und hinaufhorcht
Dann hört man's
Nicht jeden Abend
Um Gottes willen
Aber wenn dann klingt's nie laut oder derb
Sondern immer ganz hell und ganz leicht
So gegen 21.30 Uhr –

DAS WORT ZUM SONNTAG

Parodie

Wenn ich mir jetzt, meine lieben Zuhörer, eine Brille aufsetze – und Sie mir freundlichst erlauben, in Ihre Stube hinein zu Ihnen zu sprechen, in Ihren eigenen Bereich hineinzuschauen, so hat das mit der Brille ja heute eine eigene Bewandtnis.
Vor einigen Tagen sah ich, wie ein netter junger Mann nach Anbruch der Dunkelheit sich eine alles noch mehr verdunkelnde Sonnenbrille aufsetzte. – Ein andermal hörte ich, wie jemand zu seinem Nachbarn sagte: Eine rosarote Brille, und alles sieht gleich ganz anders aus.
Da habe ich mich gefragt: Was sieht denn gleich ganz anders aus?
Und wie oft hören wir doch heute, ich habe nicht den richtigen Überblick, ich sehe da nicht mehr klar, ich schaue da nicht mehr hindurch. – Sollten da vielleicht zuviel Sonnenbrillen und zuviel rosarote Brillen mit im Spiel gewesen sein? Wer immer nur Buttercremetorte ißt, weiß eines Tages gar nicht mehr, wie Buttercremetorte schmeckt. Und wer sich eine Sonnenbrille oder eine rosarote Brille aufsetzt, der muß nicht meinen, daß Gott unseren wahren Alltag nicht sieht. ER ist unser Optiker. ER braucht keinen Kneifer und keinen Aussichtsturm. ER ist weitsichtig und kurzsichtig zugleich. ER sieht uns an und durch uns hindurch. Durch und durch. Für und für.
Lassen Sie mich schließen mit einem Wort, das uns die Augen öffnen helfen will, mit einem Wort des böhmischen Wanderpredigers Heinrich Ignaz Mützenbecher, der da sagt: „Möge, der Du sein werdest, dann siehst Du, was Du sein dürftest!" Guten Abend.

CHORAL

Es ist dem Menschen beigegeben
Ein kleines Stück von einem großen Leben
Das sich vollzieht
Ohn Unterschied
Ob Bettler oder hohes Tier
Von einer Handvoll Erde sind wir alle hier
Bis Gras wächst über dieses Lied.

Wollt darum freundlich sein und Euch mit Heiterkeit
Versehn,
Es hat der Mensch zu kommen und zu gehn
Dieses ist ausgemacht von Anfang an
Mit Hochmut ist nicht viel getan.

Es ist dem Menschen aufgegeben
Mit Güte Gutes zu erstreben
Ohn Unterlaß
Auch soll er das
Was nötig ist zum Leben mit allen teilen
Und aller Kreatur zu Hilfe eilen
Bis Blumen wachsen aus dem Gras.

Wollt gnädig sein und nicht mit Hohn verachten
Die nichts auf dieser Welt zustande brachten
Wenn es bestimmt, daß wir gen Himmel reisen,
Dann ist mit Reichtum nichts mehr zu beweisen.

Es wird dem Menschen nachgegeben
Wenn er bereut
Und ändert sein bisheriges Leben
Der Tanz ist tot
Der Mensch kehrt heim zu Tisch und Brot,
Der Rausch verfliegt

Die Demut siegt
Die Masken sind gefallen –
Doch größer wär des Menschen Not
Wär nicht ein Gott, der milde mit uns allen.

PROLOG

Zufällig Deutscher
Und ein bißchen evangelisch
Begeh ich behutsam die Welt
Die alte Harmonik im Bauch meiner Kindheit
Kann mich nichts schrecken
Neu zu entdecken
Was von uns bleibt und was fällt

Frauen Kinder und Tiere
Erwarten den Abend des Friedens
Den Tag der Versöhnung
Vom Tiefenwahn der Geschichte genesen
Um mit den Jahren
Neu zu erfahren
Was morgen sein wird und was gewesen

Türen des Trostes
Und Türen der Hoffnung
Zu öffnen
Sanft und behende
Die Herkunft im Kopf meiner Kindheit
Uralten Themen
Neu zu entnehmen
Anfang und Ende.

Die deutsche Einsegnung
Die deutsche Familie
Das deutsche Gemüt
Ja die Morgenfrühe das ist unsere Zeit
Adelheid Auguste wenn Du nicht willste dann mußte

Den deutschen Anstand
Die Einfachheit und Sauberkeit
Und Pünktlichkeit und Heiterkeit
Das deutsche Lachen

Kam der kleine Fritz mal nach Hause
Und da sah er wie sein Vater
Hahaha da lacht der Germane

Der saubere einfache pünktliche
Pflichtbewußte disziplinierte
Deutsche Schäferhund

Die deutsche Natur das deutsche Grün
Das deutsche Märchen
Die deutsche Heldensage.
Immer sauber einfach pünktlich
Pflichtbewußt
Dem ganzen verantwortlich
Immer zur Stelle mit alten Hexen
Und Gaskammern

Sauber einfach pünktlich
Die deutsche selbstgehäkelte Tischdecke

Manchmal bin ich auch nicht mehr so sicher
Wenn ich in den Gärten meiner Jugend blättere
Haben die denn alles falsch gemacht
Die Kleinstadtfritzen

O nein
Mancher Schnakenabend
Manche Erdbeernacht
Tief in meiner Seele sitzen

Und die Einmachzeit
Oder frische Muscheln im November
Diesen ganzen Erinnerungssalat
Schleppt ein deutscher Jüngling immer mit sich

Schwarzbrot mit dick Butter
Aber nicht nur dies

Auch den deutschen Kegelclub
Die deutsche Standuhr
Die deutsche Kredenz
Das deutsche Bad am Samstagnachmittag

Den deutschen Kirchenchor
Die deutsche Klavierstunde
Den deutschen Turnverein
Immer ausflugbereit

Das deutsche Liederbuch
Das deutsche Kind
Der deutsche Volksschullehrer
Im zeitlosen Lodenmantel

Das alles ist ja nun vorbei
Das gab's nur einmal
Das kommt nicht wieder
Immer nach dem Rechten sehend
Aufräumen
Da muß mal mit aufgeräumt werden
Damit muß man mal aufräumen

Ein deutsches Lieblingswort:
Aufräumen
Immer sauber einfach pünktlich
Hygienisch dreimal täglich unter die Dusche
Deutscher Waschzwang
Deutsche Seife deutsches Handtuch
Inzwischen natürlich demokratisiert
Kauen aber immer noch einige
Am Langemarckstrohhalm
Am masochistischen Dauerlutscher
Mit Morgenrot und Zapfenstreich
Das ganze garniert mit Philosophie
Oder mit Hausmusik
Der Herr Major bringt seine Bratsche mit
Gneisenau plus Luther plus Beethoven
Nun aber ran an den Speck
Wenn ich in den Gärten meiner Jugend blättere
Muß ich schon sagen
Zu früh aus dem Nest gefallen
Unaufhaltsam gefallen
Obwohl mit Stockfisch und Speckpfannkuchen
Wohl versorgt
Widmet man sich mittlerweile
Oberflächlichkeiten

EINE FRAGE FÜR ZWEI

Ich bin im Moment –
Da ja in unseren Breiten
Alles drunter und drüber geht –
etwas durcheinander
Und habe seit einigen Tagen den Überblick
Verloren
Sagen Sie mir doch bitte
Was kommt eigentlich zuerst
Die Kunst oder der Mensch
Oder
Der Mensch und dann die Kunst?

Zuerst kommt doch das Fressen
und dann die Moral!

Also
Zuerst kommt das Fressen
Dann die Moral
Und dann die Kunst
Und dann...

Wobei ja
eigentlich zuerst das Wort kommt
Am Anfang war das Wort
Heißt es schon in der Bibel
Also zuerst kommt das Wort
Und dann kommt der Glaube
Und dann die Hoffnung

Wie oberflächlich man doch manchmal ist
Also nochmal
Zuerst kommt das Wort
Und dann das Fressen

Nach dem Wort
Kommt der Glaube
Und dann die Hoffnung
Und dann das Fressen

Und dann die Moral
Und dann die Kunst

Eigentlich kommt ja zuerst der Frieden

Natürlich
Der Weltfrieden

Der Weltfrieden
Zuerst kommt der Weltfrieden
Und dann der Frieden
Und dann kommt der Welthandel

Wir dürfen die Einzelhändler nicht verbittern

O nein
Zuerst kommt der Einzelhandel
Dann der Welthandel
Dann das Wort
Und dann die Hoffnung

Ich würde sagen
Verzeihen Sie
Zuerst kommt ja eigentlich die Gesundheit
Dann der Wald
Und dann die Atmung

Und das Auto
Nicht zu vergessen

Natürlich das Auto
Also nochmal

Zuerst kommt die Gesundheit
Dann der Wald
Dann die Atmung
Dann das Auto
Dann der Einzelhandel
Dann das Geld

O ja!
Das Geld haben wir völlig übersehen
Zuerst kommt natürlich das Geld

Nein
Zuerst kommt die Gesundheit

Nein
Zuerst kommt das Geld

Also bitte
Wenn Sie unbedingt wollen
Zuerst kommt das Geld
Dann die Gewerkschaft
Dann die freie Marktwirtschaft
Dann die Weltwirtschaft

Und dann der Welthandel

Die Zellteilung

Der Welthandel

Nein
Die Zellteilung

Wie bitte

Die Zellteilung

Sie meinen
Die Selbstverwirklichung

Nein
Ich meine
Die Zellteilung

Also gut
Zuerst kommt die Zellteilung
Und dann das Geld

Und dann der Welthandel
Und dann die Weltwirtschaft

Und dann die freie Marktwirtschaft
Und dann der Einzelhandel

Und dann der Weltfrieden
Und dann der Frieden

Dann die Gesundheit
Dann die Selbstverwirklichung

Dann das Auto
Und dann die Gewerkschaft

Dann das Fressen
Dann der Wald
Und dann die Atmung

Dann der Glaube
Und dann die Hoffnung
Und dann die Moral

Und dann das Wort
Und dann die Kunst

Na also
Jetzt haben wir's doch
Danke vielen herzlichen Dank
Ja aber
Und was kommt zuletzt?

Dumme Frage
Der Mensch natürlich!

ICH STEHE UNTER GOTTES SCHUTZ

2

PSALM

Ich stehe unter Gottes Schutz,
er läßt mich nicht in die Leere laufen
und macht aus mir keinen Kriegsknecht,
sondern so wie ich bin, bin ich sein Mensch.
Ich suche den Frieden und will mich nicht ausruhen,
ihn mit allen zu finden, die noch unter den Waffen stehn,
anzuzünden die Erde, die nicht hohl ist,
sondern Gottes Herz.

Ihr werdet den Frieden lieben
eure Tage werden ausgefüllt bis zum Rand
mit Begegnungen aller Menschen und Rassen.
Die Augen des Herrn bewachen
jeden von euch und seine Ohren hören,
wenn einer von euch Angst hat.

Ich stehe unter Gottes Schutz,
ich bin sein Fleisch und Blut
und meine Tage sind von ihm gezählt;
aber er lehret mich, den zu umarmen,
dessen Tage ebenfalls gezählt sind:
Alle in den Arm zu nehmen,
weil wir die Trauer und die Freude teilen wollen,
daß beide wie Leib und Seele zusammen sind.

Besonders liegen ihm die am Herzen,
die vor Kummer und Gram nicht mehr ein noch aus wissen.
Ihnen wischt er die Tränen vom Gesicht
und tröstet sie in ihrem Schmerz.
Ihre Augen können wieder lachen
und ihre Herzen fassen wieder neuen Mut.
Er behütet sie in allen Ländern.

Nicht ein Mensch soll an der Umwelt zerbrechen;
denn die Bösen werden ihre Bosheit begraben
und als die treuesten Menschen unter uns leben.
Schalom in Dorf und Stadt.

Ich stehe unter Gottes Schutz,
ich weiß das – seit geraumer Zeit.
ER nahm den Gram und das Bittere
aus meinem Wesen
und machte mich fröhlich.
Und ich will hingehen,
alle anzustecken mit Freude und Freundlichkeit
auf daß die Erde Heimat wird für alle Welt
durch seinen Frieden
und unseren Glauben.
Schalom in Dorf und Stadt!

(Zwischenstrophen von Diethard Zils)

STILLE

Erst mit der großen Stille fängt die Seele an zu
Schreiben
Und läßt uns sanft und sicher werden
Und sorgt dafür, daß unsre Augen milde bleiben.

Nun wanderst du und setzt den Fuß aufs Ländliche
Das dich und dein Gemüt erhält
Der Riesenwahn, das Unverständliche
Sie fliehn vor deinem Gang und Flur und Feld
Begegnen dir so schwesterlich, so alt und ungebrochen
Als hätten Tier und Pflanze das erste Wort gesprochen.

Die Stille ists, die überlebt.
Dem Baum, der schweigt, ist tiefer zu vertrauen
Als allen Redensarten
Als allen Zungen, die sich laut vermischen
Es ist die Stille, die zur Kunst entfacht,
Geschichte macht,
Solang, bis wir den Schmerz von unsren Stirnen
Wischen.

PSALM

Ich bin vergnügt
  erlöst
  befreit
Gott nahm in seine Hände
Meine Zeit
Mein Fühlen Denken
Hören Sagen
Mein Triumphieren
Und Verzagen
Das Elend
Und die Zärtlichkeit

Was macht daß ich so fröhlich bin
In meinem kleinen Reich
Ich sing und tanze her und hin
Vom Kindbett bis zur Leich

Was macht daß ich so furchtlos bin
An vielen dunklen Tagen
Es kommt ein Geist in meinen Sinn
Will mich durchs Leben tragen

Was macht daß ich so unbeschwert
Und mich kein Trübsinn hält
Weil mich mein Gott das Lachen lehrt
Wohlüber alle Welt

LAUF DER DINGE

Zuerst kommen die
Die Dich umhegen und pflegen Dich sauber halten
Dich baden und ölen
Ein Nest bauen
Dich ermuntern zu sprechen Dir Schritte beibringen
Dich größer und größer ziehn
Dich in Kleider wickeln und für dich einen Namen
suchen

Dann kommen die
Die Dich begaffen beschnüffeln betasten und tätscheln
Rasseln und Glöckchen mitbringen
Spiegel und goldene Löffel
Dreirad Schwammdose Tafel und Ranzen
Dich tagelang drehen und wenden
Damit Du der Feinste bist

Dann kommen die
Die Dich mustern und schätzen Dich loben und tadeln
Setzen und aufstehn
Dich bilden damit Du zum höheren Wesen langsam
hinaufwächst
Mit Stöckchen auf Deine Finger schlagen
Auf daß Du Charakter und Rückgrat Dir anschaffst

Dann kommen die
Die Dir Berge und Flüsse zeigen
Eingerichtete Häuser Silbergruben und Aufsichtsräte

Dann kommen die
Die Dich anwerben für eine Sache
Für die man durchs Feuer gehn sollte
Am besten ist es natürlich

wenn andre durchs Feuer gehen
Darum sagen sie Dir
daß das Feuer auch nur vorübergehend
Und danach der Himmel wieder erscheinen würde

Dann kommen die
Die Dir die Kleider vom Leibe ziehn
Und Dich in Rüstungen stecken
Damit Du gegebenenfalls Dich Deiner Haut zu
wehren weißt

Dann kommen die
Die Dich segnen und preisen
Weil von Berufs wegen das so üblich
Und dadurch die Kampfkraft erheblich wächst

Dann kommen die
Die Dich verbrennen mit Napalm und allerlei schon
bewährten Vernichtungsmaschinen
Die Dir beweisen daß das sehr schnell geht
(Sozusagen ruckzuck) und darum human ist

Dann kommen die
Die Dich zahlenmäßig erfassen
Und es nicht fassen können
Es sind dieselben
Die Dich umhegten und pflegten
Und für Dich einen Namen suchten
Die Dir Spiegel und goldene Löffel brachten
Die Dir Charakter und Rückgrat einbliesen
Dich sauber hielten
Dir Berge und Flüsse zeigten
Und von einer heiligen Sache sprachen

Und nun schon wieder dabei sind
Andere sauber zu halten

Um keinen Schweinestall aus dieser Erde zu machen
Denn so sauber wie ihre frömmelnden Finger
Sind ihre glühenden Öfen und Bomben

So sauber wie ihre Gesinnung
Sind ihre Zähne
Die sie in Menschen schlagen
In roher Gesundheit

So schnell wie sie alles sauber halten
Ist auch Dein Tod
Damit nicht Fliegen und Geier die Gegend bevölkern
Schicken die sauberen Herren das schmutzige Volk
unter die Erde.

Wann schickt das schmutzige Volk die sauberen Herren
in ihren mit allen Wassern gewaschenen Himmel?

TEILE UND HERRSCHE NICHT

Daß einige vieles und die meisten weniger oder
Wenig haben
Kann man damit erklären
Daß einige bedeutend und die meisten
Unbedeutend sind

Daß einige fast alles und die restlichen fast
Gar nichts haben
Kann man damit erklären
Daß einige klug und die restlichen dumm sind

Daß einige mächtig und die anderen ohnmächtig sind
Kann man damit erklären
Daß einige verschlagen und die anderen die
Geschlagenen sind

Daß einige immer mehr haben wollen und viele immer
Weniger haben
Kann man damit erklären
Daß einige über Leichen gehn und viele unter den
Leichen sind

Daß einige über alle regieren und diktieren
Kann man damit erklären
Daß einige Geschichte machen wollen und mit
Allen anderen
Geschichte gemacht wird

Zwar heißt es
Vor Gott sind alle Menschen gleich
Und human das möchte jeder gerne sein –
Aber welcher Bedeutende will sich schon mit einem
Unbedeutenden

Welcher Kluge will sich schon mit einem Dummen
Welcher Verschlagene will sich schon mit einem
Geschlagenen
Auf eine Stufe stellen
Wer will das schon?

Die Erde gehört uns allen
So wie der Sand den man am Grabe
freundlich uns nachwirft
Allen gehört
Aber im Leben gehören
Die Armen den Reichen
Die Dummen den Klugen
Die Geschlagenen den Verschlagenen
Die Gläubigen der Kirche
Die Schwarzen den Weißen
Die Naiven den Raffinierten
Die Schweigenden den Schwätzern
Die Friedfertigen den Streitsüchtigen

Die Erde aber könnte uns allen gehören
Wenn dein Haus auch mein Haus
Mein Geld auch dein Geld
Dein Recht auch mein Recht
Mein Los auch dein Los
Dein Kleid auch mein Kleid
Mein Glück auch dein Glück
Dein Leid auch mein Leid
Wäre.
Teile und herrsche nicht!
Aber wer kann das schon?

KIRCHE

Gestern noch Inquisition
Heute können auch Ungläubige in der Kirche
Kaffee kochen
Morgen der Liebe Gott per Computer
Darf man in der Kirche lachen
Laßt uns in die Kirche gehen
Und miteinander reden
Jeder darf mal auf die Kanzel
Weniger von der Kirche reden
Weniger vom Teufel
Mehr von den armen und den reichen Teufeln
Man muß nicht immer gleich merken
Daß jemand beim Lieben Gott ein und ausgeht
Weniger von oben herab

Wer weiß schon was
Und wer weiß schon wie
Und wer ist in der Friedhofskapelle in der Lage
Dem Gang der Ereignisse Tröstendes abzugewinnen
Und sich mit Worten abspeisen zu lassen
Die da stehen hier und dort
Und mit denen die Theologen selber noch Sorge haben
Ob sie wirklich so oder so
Oder etwa ganz anders gemeint sein könnten
Das Leben nicht nur als Übergang
Es gibt zuviel arme Hunde
Die sich damit abfinden sollen
Es gibt zu viel Hungernde und Kranke
Die sich dann damit abfinden sollen
Die Christen sollen sich nicht abfinden
Mögliche Steigerung:
Wir sind Deutsche

Wir sind Europäer
Wir sind Menschen
Wir sind Christen
Keiner werfe den ersten Zeigefinger
Denn wenn wir Kinder Gottes sind
Können wir nicht Kinder des Hasses sein
Aber aus Kindern des Hasses können
Sehr wohl bald Kinder Gottes werden
Denn der Haß läßt sie nicht zu sich kommen
Und die Oberhirten und Oberhaushofmeister
Lassen sie mit gütigen Worten in ihrem Elend
Das da heißt Gnade

Selig sind die die sich nichts kaufen können
Die sich nichts leisten können
Die im Staub liegen und in Hütten verkommen
Aber sie haben ja die Gnade
Und die Gnade sitzt hinter der Orgel und kichert

Vorschlag zur Güte:
Die Pastöre springen von der Kanzel
Und sprechen vom Wetter
Die Gemeinde sägt die harten Bänke an
Der Küster trägt belegte Brötchen durch die Gänge
Die Kinder malen die Wände voll
Der Chor trägt ein Aquarium herum
Und Christus lächelt

Und es ist alles gleich und gleich-gültig
Und gültig und ungültig
Und Lust und Leben und Nachricht vom Tode
Und Freiheit und Hoffnung
Und Mensch und Mensch und Mensch
Und Christus lächelt

Und die Sprache ist neu eröffnet
Ist neu gefragt und wird neu beantwortet
Und wird neu entnommen und neu gegeben
In Sprüchen und Widersprüchen
Wird neu entdeckt bis auf den Grund
Und Christus lächelt

Und da ist keine Angst
Alles ist normal
Denn erst kommt die Liebe
Und dann die Moral

MEIN TESTAMENT

Ich komme jetzt
Zu meinem Testament
Das ich schon als Kind
Vor dem Einschlafen
An der Zimmerdecke
Wiederholt
Gelesen habe
Auch heute noch
Bin ich vor dem Einschlafen
Oft hellwach
Einmal bin ich aufgestanden
Und habe endlich
Mein Testament
Eine altmodische Pastorale
Für eine kleine Republik
In einem Gedankengang mit Gesang
Aufgeschrieben:

Ein wenig Kartoffelsalat
Ein kaltes Kotelett
Ein kleiner Friedhof mit Kapelle

Dann und wann
Fährt der Landarzt
Mit seiner alten Kutsche
In unseren Hof
Und fragt
Wo wohnt hier Kerckhoffs Johanna
Da drüben rufen wir
Und laufen alle mit
Und erfahren von Kerckhoffs Wilhelm
Daß Kerckhoffs Johanna
Eine Frühgeburt hat
Ach du lieber Gott sagen wir alle
Aber es sei alles gut ausgegangen
Gott sei Dank sagen wir alle
Aber bitte keine Reden
Keine Rundbriefe
Und kein Kulturprogramm
Auf unserem Platz
Und kein Friedens-Variete
Wir haben nichts dagegen
Wenn ab und zu ein stellungsloser Pfarrer
Auftaucht und uns fragt
Ob er unser Bad zur atomwaffenfreien Zone
Erklären könne
Nichts dagegen
Wir sind sogar dafür
Aber keine Reden bitte
Und keine Rundbriefe
Spaßig soll es bei uns zugehen
Spaßig traurig und schön
Kartoffelsalat
Ein kaltes Kotelett

Und einen Friedhof mit kleiner Kapelle
Wollen wir haben
Aber kein Kulturprogramm

Einen schlitzohrigen Kaplan
Und auch ein paar ganz Dumme
Soll es bei uns geben
Gutmütige Handwerker
Einen Schreiner der philosophiert
Und einen Philosophen der schreinert
Ein bis zwei Verrückte
Von denen einer immer
In seiner Jackentasche
Ein altes gelbes
Ausgefranstes
Verschlissenes
Fettfleckenabgegriffenes
Eselsohrenumgeknicktes
Anbetungsschmutziges
Trostverströmendes
Reclam-Bändchen hat
Mit Phantasus-Versen von Arno Holz
Oder
Unter dem Milchwald von Dylan Thomas
Egal
Nur keine Reden bitte

Manchmal soll zu uns einer
Mit einer Violine kommen
Und uns was Schönes darauf vorkratzen
Dazu Kartoffelsalat
Ein kaltes Kotelett aus der Hand
Und die Katzen sollen den Männern
In der offenen Hemdbrust liegen
Und die Frauen haben in ihren Augen
Lange Geschichten

Liegen stundenlang in den Fenstern
Und sehen alle aus
Wie blühende Begonien
Aufgedrehte Vergißmeinnicht
Und müde gewordene fleißige Lieschen

Aber keiner erhebt sich über den anderen
Oder erniedrigt sich unter den anderen
Keiner kommt auf den Gedanken
Er sei besser oder schlechter
Wichtiger oder wertloser
Als der andere
Und die kleinen Ferkel
Haben alle Namen
Und verlaufen sich ab und zu
Sogar in der Kirche
Und bringen den Organisten zur Raserei

Spaßig traurig und schön soll es sein
Ein ehemals
Regelrecht verpfuschter Preußischer Beamter
Geht jeden Morgen um sieben
Die kleine Hauptstraße auf und ab
Alle 50 Schritt bleibt er stehen
Legt die rechte Hand an die rechte Schläfe
Und gibt das Kommando:
Exzellenz!
Ich stehe nicht mehr zur Verfügung!

Und wir wollen
Die Krankenschwester Margarethe sehen
Deren Fahrrad ständig kaputt ist
Wir wollen sehen, wie der betrunkene Dirigent
Jeden Abend aus dem „Goldenen Löwen" fällt
Und wie ihn der Apotheker
Über seine Schulter nimmt und ihn ins Bett wirft

Und wie ihn seine Frau dann auf die Stirn küßt
Und sagt
Du dummes Schwein

Wir haben nur eine Kirche
Aber da geht alles rein
Was nicht niet- und nagelfest ist
Unser Lieblingschoral
geht so:

Mensch, du armes Lebewesen
Heil'ges Schwein von Gottes Gnaden
Sklave deiner eig'nen These
Liebesschwüre Hetz-Tiraden

Ausgewaschen deine Wunden
Deine Narben überschminkt
Hast den Himmel dir erfunden
Daß er die Erlösung bringt

Lebst mit wunderbaren Sprüchen
Läßt Dir Zukunft prophezeien
Zweigestirn und Zweigebein
Anderntags in Einbauküchen
Spülmaschinen-Litaneien.

Einmal im Jahr
Kommt immer um dieselbe Zeit
Ein Landstreicher in unseren Hof
Und ruft hier bin ich wieder
Euer mit allen Wassern der Welt
Ungewaschenes Säugetier
Und dann brechen alle ihr Sparschwein auf
Und stecken ihm ein Fünf-Mark-Stück zu
Keiner weiß wie er heißt aber jeder will
Daß er im nächsten Jahr wiederkommt

Bei uns darf alles wachsen
Wir kennen keinen scheelen Blick
Das letzte Gras soll in unsere Stuben
Hineinwandern dürfen
Und es ist den Hühnern eine Ehre
Auf unseren Tischen herum zu flanieren
Das Lamm ist uns heilig
Es wird nicht geopfert
Sondern liegt auf dem Sofa
Und sieht allen Unzulänglichkeiten zu
In unserer kleinen Republik
Ein bißchen grün kann sie sein
Ein bißchen kommunistisch
Auch ein bißchen katholisch
Ein bißchen holländisch
Ein bißchen italienisch
Sie muß nicht aber sie darf
Das ist unser Geheimnis:
Daß man alles nicht muß
Aber alles darf
Und da man alles darf
Muß man nicht alles
Und wem das bißchen zu wenig ist
Dem bringen wir allesamt
Ein pompöses Ständchen
Mit Kartoffelsalat und einem kalten Kotelett
Im Henkelmann
Aber keine Reden bitte
Und kein Kulturprogramm

Dann und wann
Fährt der Landarzt mit einer alten Kutsche
Wieder in unseren Hof
Und liest uns die Leviten
Warum wir ihn nicht früher gerufen

Jetzt sei es zu spät
Ach du lieber Gott sagen wir dann alle
Und die Hunde verstummen augenblicklich
Und der Hahn geht auch nicht mehr
Wie Fred Astaire
Der alte Flickschuster Ingenlath ist gestorben
Ach du lieber Gott sagen auch die Kinder
Denn wie oft saßen sie
In seiner erbärmlichen Schusterstube
Und schwänzten die Schule
Denn der alte Ingenlath wußte viel mehr
Als alle Lehrer zusammen
Er wußte zu viel
Daran soll er auch gestorben sein
Darum bitte keine Reden
Und kein Kulturprogramm
Die Trauer hat bei uns viel zu tun
Wir haben eine Trauerstraße
Und eine Trauer-Galerie
Aber die jungen Malerinnen und Maler
Die dort ausstellen
Malen alle wie August Macke

Wir haben sogar eine Staun-Schule
In der Kinder Erwachsenen
Wieder das Staunen
Beibringen

Bei uns darf alles geschehen
Auch das Homoerotische
Und das Transsexuelle
Sollen es bei uns gut haben
Ja wir stecken voller Fehler
Aber wir sind stolz darauf
Bei uns können alle Widersprüche
Gedacht gefühlt

Und bis ins hohe Alter ausgekostet werden
Die Dialektik hängt bei uns in allen Gehirnen

Dann taucht wieder mal
Der stellungslose Pfarrer auf und fragt
Ober er auch unsere Waschküche
Zur atomwaffenfreien Zone erklären dürfe
Wir haben nichts dagegen
Wir sind sogar dafür
Das alles soll es bei uns geben können

Auch die roßkastanienrote Lilly
Von der jeder weiß
Daß sie mit jedem mal was gehabt hat
Sie sieht aus wie ein Engel
Und geht wie eine Giraffe
Schau sagen alle, da geht die Lilly
Die Wiege der Welt
Denn sie geht tatsächlich
Als schaukele sich in ihr
Die ganze Menschheit
Sie sei leibgewordene Metaphysik
Hat der Schulrektor am Aschermittwoch gesagt
Wir haben nichts dagegen

Das soll alles bei uns zu haben sein

Säugetier und Sozialismus
Außenwelt und Eingeweide
Sysiphus mit Katechismus
Mal in Sumpf und mal in Seide

Fliegst Du über Endmoränen
Bis sich All und Nichts begegnen
Suchst nach Trost für Deine Tränen
Läßt verfluchen dich und segnen

Spielst den Herrn und spielst die Dame
Stirbst wie jedes Tier allein
Zweigestirn und Zweigebein
Mensch genannt welch schöner Name
Wir wolln deinesgleichen sein

Auch unser Berufsromantiker Jacob
Der ununterbrochen Klavier spielt
Und alle fünf Minuten erzählt
Daß er schon im Café Verlaine in Warschau
Jahrelang zur Unterhaltung beigetragen
Und der sich gern wie Robert Schumann
Seine Finger länger machen möchte
Um größere Griffe für neue Harmonien zu wagen
Das ist alles bei uns zu finden

Ein älterer Herr
Der Tag und Nacht ein weißes Hemd
Und einen dezent gestreiften Schlips trägt
Und immer mit seinem Spazierstock
Auf den Boden stößt
Und dabei sagt
Ich will mir meine Formen von der Geschichte
Und ihren Zumutungen
Nicht austreiben lassen
Ich   Mein Herz und meine Seele
Wir wollen das nicht
Auch das ist bei uns ohne Eintrittsgeld zu sehen

Und ein redlicher Biologe
Der immer in große Schwierigkeiten gerät
Weil er nicht weiß
Wie er das alles seiner strapaziösen Freundin
Begreiflich machen soll
Keine Reden   Keine Rundbriefe
Kein Kulturprogramm

Und kein Friedens-Variete
Sondern nur Kartoffelsalat
Und ein kaltes Kotelett auf der Faust
Und einen Friedhof mit Kapelle
Wir liegen nicht mit dicken Köpfen
Auf unseren Biertischen
Und schwatzen was von Utopie
Wir sind Utopie und sterben aus

Aber sonntags
Gehen wir noch einmal über die Felder
Mit allem drum und dran
Mit den Kindern den Gänsen und Kälbern
Den Hunden und Schweinen
Bis zum Horizont
Bis es nicht mehr weitergeht
Und dann drehen wir uns um
Und sagen   Da hinten   Da drüben
Da liegt unsere kleine Republik
Da ist unser Zuhause
Und wir laufen und laufen so schnell wir können
Als müßten wir an diesem Abend noch
Den Grand Canyon überqueren
In unsere Welt hinein
Die ihre Arme weit aufhält
Und uns alle umschlingt

Und dann wird noch mal ein Fest gefeiert
Spaßig traurig und schön

Einer singt: You are the sunshine of my life
Ein anderer singt: Die Internationale
Und ein dritter: Gloria in Excelsis Deo
Et in Terra Pax Hominibus

Und dann
Bin ich eingeschlafen.

...UND GOTT SPRACH

3

Posthum

Und Gott sprach zu den Wesen die nun auf der Erde sich tummelten
Wenn ihr tief genug grabt oder geduldig die Angel auswerft
Dann wird auch die Stunde kommen wo ihr auf Menschen stoßt
Die ich nach meinem Bilde dereinst gemacht
Aber nach ihrem Bilde leben wollten
Sich mit Schmutz und Gift bewarfen bis sie schließlich darin Ertrunken erstickt oder verdurstet sind
Weil jeder mit seinem Besen den Schutt vor des anderen Türe kehrt
Solange bis Wälder und Flüsse Kapellen und Kirchen Häuser und Hütten
Kinder und Kegel nicht mehr zu sehen
sondern nur noch zu riechen waren.

Und Gott sprach zu den Wesen die nun auf der Erde sich tummelten
Eigentlich ist es schade
Denn der Mensch war mein Lieblingsspielzeug und ich hatte meinen Gefallen an ihm
und vielleicht war es ein Fehler von mir
Ihm zu gestatten eigene Wege zu gehn
Denn meine Wege sind zwar unerforschlich aber die Wege des
Freien Menschen führten ihn in Schlamm und Morast
Wie er es haben und nicht haben wollte.

Nun liegt die Menschheit unter Abfall und Auswurf
Tief im eigenen Schmutz
Erst warf man Papier und Steine weg Tüten und Taschen

Speise und Plastikeimer
Dann warf man die Kühe weg
Sie fraßen vergiftetes Gras
Und zuletzt warf der Mensch sich weg
Immer einer zum andern immer einer zum andern
Die Letzten fielen von selbst um
Und ich ließ sie zuregnen mit himmlischer Asche
Und als sich der Letzte noch einmal bewegte las ich von
Seinen Lippen: Es muß was geschehn
Da ließ ich ihn langsam ertrinken.

Und Gott sprach zu den Wesen die nun auf der Erde sich tummelten
Wenn ich noch einmal Menschen mache bekommen sie keinen
Freien Willen
Dann werde ich sie dumm aber glücklich halten
Geht nun an eure Arbeit

Und die Wesen gingen an ihre Arbeit
Es waren Geier
Die sollten das Oberflächlichste vom Oberflächlichen säubern
Und fanden bald ein Papier
Darauf stand noch mit Filzstift geschrieben:
Kundgebung gegen die Umweltverschmutzung
Kommt alle in Massen
Es muß was geschehn
20.15 Uhr Gemeindehaus

Kommt alle in Massen
Es muß was geschehn
20.15 Uhr Gemeindehaus

Kommt alle in Massen   Es muß was geschehn
20.15 Uhr Gemeindehaus . . .

Lied

Lasset den Himmel hoch oben
Und die Hölle in Ruh
Wollet die unerbittlichen Nächte loben
Den Leib und die abgelaufenen Schuh

Kommen die Nöte zuhauf
Nehmet den Mund voll Melancholie
Niemand steht für euch auf
Niemand und nie

Leget das Haupt in die Hand
Wenn ihr verletzt und verlassen seid
Lobet die Uhren aus Sand
Lobet den Gott Gelassenheit

Lasset den Wald und das Gras
Öffentlich mit euch sprechen
Lobet den täglichen Spaß
Und das tägliche Kopfzerbrechen

Achtet das Brot und den Wein
Trachtet nicht nur nach Gewinn
Seht es weiß keiner von eurem Gebein
Woher und wohin

Strecket den Leib nach der Decke
Damit ihr so schnell nicht zu fassen seid
Lobet die Wurzel den Wurm und die Schnecke
Lobet den Gott Gelassenheit

VERSÖHNEN - Predigt

Sich versöhnen gehört zu den Dingen, die, frei nach Bertolt Brecht, einfach, aber schwer zu machen sind. Versuchen wir, meine Freunde, wieder einmal das Schwere mit Heiterkeit so leicht zu machen, wie es schwer ist.
Oft hören und lesen wir in der letzten Zeit überall das Wörtchen dennoch im einem sehr merkwürdigen und eigenartigen Sinn. Etwa:

DENNOCH

Obwohl die Atmosphäre eisig war, verlief das Gespräch dennoch mit herzlicher Offenheit.

Die Zahl der Arbeitslosen wird zwar nicht geringer, dennoch besteht kein Grund zur Panik.

Trotz Ramstein und Remscheid, sollten wir dennoch unsere atlantische Bündnisverantwortung nicht aus den Augen verlieren.

Auch wenn der Kollege X in seiner wichtigen Rede recht ungereimte bis gefährliche Behauptungen aufstellte, bleibt er dennoch ein ehrenwerter Mann.

Auch wenn immer mal wieder technische Pannen in Kernkraftwerken passieren, ist das dennoch kein Grund, das Geschäft mit der Angst zu schüren.

Die Gesundheitsreform mag sicher nicht in allen Punkten ideal sein, dennoch ist sie für den Einzelnen von hoher sozialer Ethik.

Und so weiter und so weiter.

FRIEDEN

Wenn der Frieden längst ein Gruß ist
und die Fahne aller Menschen nur noch weiß ist,
und die Friedenstaube keine Ente,
Robert Scholz ist auch schon lange in Rente,
alle Menschen Zivilisten und die Friedenspfeife
rauchen,
weil sie keinen Feind mehr brauchen.
Und der Osten mit dem Westen
auf dem langen Marsch zum Besten,
was der Mensch sich antun kann,
nämlich Freundschaft und Versöhnung, dann,
dann kommt immer einer bei uns um die Ecke,
hebt den Zeigefinger warnend und erklärt:
Dennoch sollten wir Deutschen das Gefühl
der Bedrohungsangst nicht verlieren,
weil wir auf der Hut sein müssen,
und nicht gleich jedem Russen um den Hals fallen.

Nun, das finde ich allmählich, mit Verlaub, auch an so 'nem schönen Sonntagmorgen in der Kirche zum Kotzen.

UMKEHRUNG

Dennoch, meine Freunde,
das kleine Wort jetzt mal umgekehrt benutzt,
laßt uns dennoch heiter bleiben,
und auf dem Wege zur Versöhnung mit den Völkern
und mit allen Menschen,
bleiben wir bei uns,
schieben wir nicht immer gleich alles auf andere.
Wir sollten dazu eigentlich am ehesten in der Lage sein,
mit Christus an unserer Seite.

Geben wir uns hin,
und geben wir uns auf, das heißt,
wir geben unsere eigenen kleinen Vorurteile,
die gar nicht so recht in Gottes Plan passen,
auf, und geben uns mit Demut dem anderen
Menschen hin.
Ich habe schon einmal gesagt, an anderer Stelle:
Keiner erhebe sich über den anderen,
oder erniedrige sich unter den anderen.
Keiner kommt auf den Gedanken,
er sei besser oder schlechter,
wichtiger oder wertloser als der andere, keiner.

Zeitgenossen

Hingabe und Aufgabe „der Menschen wegen" sollten eigentlich für uns Christenmenschen ganz klare Ausgangspositionen sein.
Ich weiß, es ist natürlich das Einfache, das schwer zu machen ist, ich sagte es schon, und der Mensch kann sich nichts aussuchen.
Er wird ja in die Welt gesetzt,
und nun muß er sich durchstrampeln durch seine Zeit,
durch unsere Zeit, die er sich nicht aussuchen kann,
sagen wir mal von Hindenburg bis Helmut Kohl.
Oder... von 1925 bis vielleicht zum Jahr 2000,
wenn's gut geht, toi, toi, toi. Ich drück mich jetzt mal salopp aus:
Fertig ist der Zeitgenosse.
Jetzt kannst du zusehen, armes Menschlein, wie du damit fertig wirst.
Niemand fragt dich, ob du vielleicht in der Renaissance oder um Friedrich den Großen herum hättest wohl leben wollen oder bei Friedrich II. von Hohenstaufen.

Das Land, dein Land kannst du dir auch nicht aussuchen.
Und wenn du ganz langsam bei Verstand
oder zu Verstand gekommen bist,
dann merkst du erst:
Ah, du bist Deutscher – nicht Russe.
„Deutschland" heißt das Land.
Und nun sieh zu, wie du damit fertig wirst. Da lernst du ein bißchen Geschichte in der Schule,
und dann wirst du sehen,
was das für einen Spaß macht,
Deutscher zu sein. Den Stolz darauf,
den kriegst du auch noch später beigebracht.
Die Religion kannst du dir auch nicht aussuchen.
Du kannst zwar später von einer Kirche in die andere treten,
das ist alles erlaubt,
aber am Anfang bekommst du deine Religion angezogen wie deinen Kielermatrosenanzug.
Deinen Vornamen kannst du dir nicht aussuchen.
Du heißt Günter.
Gewöhn dich dran.
Dein Großvater hieß auch Günter.
Du kannst dich dann später mit th schreiben.
So wie ich ja später eigenmächtig Hans einfach mit zwei n geschrieben habe.
Weil: mein Großvater hieß Johannes.

DER REINE ZUFALL

Deine Hautfarbe übrigens ist auch nicht deine Leistung.
Dein Gesicht, dein Geschlecht auch nicht.
Du bist der reine Zufall.
Gottes Zufall, wenn du es dir mal klar machst.
Gottes Liebling und nicht Liebling der Nation.
Und dann kommt ganz langsam die Zeit,
in der du dir was aussuchen kannst, eigentlich aber etwas aussuchen mußt: deinen Beruf, deine Frau, deinen Mann, deine Philosophie, deine Partei.
Und was so vom Menschen alles verlangt wird,
was er alles sein muß und sein soll und doch nicht sein kann,
und oft auch nicht sein will.
Und doch muß der arme Mensch,
und wenn ich mir so vorstelle, wie viele Menschen es gibt, wie groß die Welt ist.
Und da meint ausgerechnet unsereiner,
es müßte alles so gehen, wie er sich das vorstellt.
Denken wir doch mal darüber nach, ganz kurz, wie viele Hautfarben es alleine schon gibt und wie viele sogenannte Kulturkreise auf der ganzen Welt,
die Medizinmänner und Zauberer eingerechnet,
die es ja noch überall gibt, mehr oder weniger.
Bei uns ja weniger.
Wir haben ja eigentlich noch Glück, wir haben evangelisch und katholisch und freigeistig und gottgläubig und Sekten Sonderzahl, was da alles gepredigt wird. Der eine glaubt das, und der andere glaubt das und viele glauben wieder gar nichts oder beten die Natur an.
Das müssen wir uns doch vielleicht einmal auch an diesem Morgen ins Gedächtnis rufen.

Was sich da aber alles tut, allein schon bei uns.
Und wenn man dann noch ganz richtig und ernsthaft an die ganze Welt denkt,
für ein paar Sekunden nur,
dann wird man rammdösig,
um mal dieses passende rheinische Wort zu verwenden.
Wie will man das alles unter einen Hut bringen,
meine Freunde. Gut lassen wir mal alle Hautfarben und Religionen weg
und die ganzen Kulturkreise
und die üblichen Zivilisationsübungen
und gucken mal bei uns im Kleinen nach. Da ist doch auch alles anders.
Allein schon die eigene anspruchsvolle Umgebung,
hie und da.

ÜBEREINSTIMMUNG

Da hat doch zum Beispiel jeder immer noch einen besseren Geschmack als der andere. Wenn man sagt: „Wir waren neulich in Dings, das fanden wir schön", dann heißt es doch meist: „Ja, fandet ihr, also wir wissen, also wir waren nicht so begeistert." Ja, wie soll denn da erst ein Restindio aus dem wildesten Amazonasgebiet mich verstehen, beziehungsweise mit mir übereinstimmen, wenn ich mich vor ihn hinstelle und singe: „Ein feste Burg ist unser Gott." Und umgekehrt, wenn der mich durch 100000 Lianen, barfuß und ohne Maquete zu seinem 130 Jahre alten Oberhäuptling führt, und der sagt dann zu mir vielleicht: „Galapapos truente madridos rubato amigo dos passos con weyos avenidas." Das ist antiquarisches Hispanisch und heißt, glaube ich: „Mein Freund sei froh, daß das Blasrohr noch einmal an dir vorübergegangen ist." Wie soll ich

denn da, ... Wie soll ich denn das als blasser Mitteleuropäer mit Platon, Erasmus und Hexenschuß im Rücken, wie soll ich denn das verstehen? Da liegen doch wirklich nun Welten dazwischen, wie man immer so schön sagt.
Da kann ich doch wenigstens vielleicht von meiner eigenen, kleinen Umgebung ein bißchen mehr Zustimmung erwarten. Aber, ob ich in ein Bekleidungsgeschäft, zu einem Fest, in irgendeine Ausstellung oder in ein Konzert gehe und sage: „Also, ich fand es toll, ich fand es großartig", heißt es immer folgendes: „Du, also ich weiß nicht, wir fanden es nicht so berauschend."
Wie soll das, ich will ja nun mal mit aller Vorsicht sagen, daß, daß ich oft Schwierigkeiten habe mit meiner Demut.
Mit meiner Großzügigkeit. Mit meiner Geduld. Vielleicht auch hie und da mit meiner Versöhnung.
Denn wir sind doch alle von ganz merkwürdigen Pressionen gezeichnet.
Von ganz engen Gedankengängen besetzt.
Wir können doch oft nicht aus unserer kleinbürgerlichen Haut,
anstatt einen weltbürgerlichen Horizont zu haben.
Wir denken doch:
Gefühle und Kreise sind selbstgefällig.
Sehr selbstgefällig, anstatt alles aufzugeben,
wegzugeben, beiseite zu schieben
was wir gestern mal gemeint haben.
Wir müssen von allen Urteilen weit entfernt sein,
wenn wir auf Menschen zugehen wollen.
Gleichsam so tun, als wüßten wir gar nichts.
Dem anderen den Vortritt lassen.
Warum nicht mal den unteren Weg gehen.
Aus unserer Freiheit als Christenmenschen heraus.
Aus Freiheit und Liebe.

Mal den zweiten Platz belegen.
Das heißt, Siegen und Verlieren gibt es nicht mehr;
geht nicht mehr, denn jeder braucht doch jeden.

JEDER BRAUCHT JEDEN

Meine Freunde, sehen sie mal,
das mit der Freiheit,
der Gleichheit und Brüderlichkeit ist ja gerade in diesem Jahr besonders hochreif. Und daß wir brüderlich und schwesterlich frei unter Gleichen sind,
das sollte ja für uns Christen eine geradezu religiöse Selbstverständlichkeit sein!

FREI UNTER GLEICHEN

Sehen Sie mal, meine Nase mit meinem holländischen Pannekuchengesicht ist nicht die allerschlankste, nicht hellenistisch und auch nicht degeneriert-ägyptisch, meine Füße sind kleiner als die meisten Füße auf dieser Erde. Ich habe zwei linke Hände, das heißt, ich kann nur jeden dritten Nagel in die Wand schlagen. Ferner kann ich nicht fotografieren und nicht autofahren. Das ist schon fast meine ganze Biographie. Ich kann auch nicht Schach spielen, fällt mir gerade ein. Aber ich kann Gedichte machen, das ist nichts besonderes. Dafür können Schreiner Tische und Stühle machen.
Ich will damit nur sagen:
Wenn wir auch nicht alle gleich aussehen und nicht von gleichem Stand sind, so doch vom selben Gott.

Und darum braucht jeder jeden.
Keiner kann ohne den anderen auskommen, existieren.
Ich kann ohne meinen Bäcker nicht leben,
ganz simpel, denn ich brauche das Brot, das er macht.
Er kann zwar ohne mich leben,
denn er braucht meine Gedichte nicht, oder vielleicht manchmal doch.
Aber einen Schuster braucht er für seine Füße,
denn Schuhe kann er ja nicht machen.
Und der Schuster braucht wieder den Schneider für seinen Leib.
Und der Schneider braucht wieder Brot und Schuhe
und vielleicht auch Gedichte für seine Seele.
Das sind natürlich alles banale Geschichten, zugegeben.
Und manche machen ja auch ihr Brot
und die Schuhe inzwischen selber.
Soll sein, soll sein.
Aber, wenn wir jetzt so weitermachen, meine Lieben, dann kommen auch alle anderen, wir kommen alle dran, bis zum Lokomotivführer und Universitätsprofessor. Denn jeder kann nicht alles können. Ein Metzger kann Wurst und Fleisch machen, aber keine Philharmoniker dirigieren. Und wenn, dann macht er das vielleicht bei „Wetten, daß", und macht den Leuten Freude.
Ich meine, ich vermute sogar, daß zum Beispiel Leonard Bernstein keine Zähne ziehen kann.
Dafür kann ein Zahnarzt meistens kein Ballettmeister sein. Zumindest nicht gleichzeitig. Natürlich gibt es immer wieder, das wissen wir, große oder kleine Geister, die drei oder vier Sachen können, aber immer kommt jeder von uns an eine Grenze, wo es nicht mehr weiter geht. Wo der andere einspringen und helfen muß. Oder möchten Sie Physiker und gleichzeitig bei der Müllabfuhr sein?
Na, sehen Sie.

Aber der Straßenfeger wird auch gebraucht.
Auch die Zeitungsfrau.
Genauso wie der weltberühmte Thoraxchirurg
und der Kranführer oder die Marktfrau. Jeder braucht jeden.
Den Gärtner genauso wie den Politiker,
egal, ob der nun gut oder weniger gut ist,
ich mache ja manchmal auch schlechte Gedichte.
Selbst die werden gebraucht, weil es viele nicht merken.

WAS WIR BRAUCHEN

Was wir nicht so sehr brauchen, und zwar nicht nur bei uns, sondern auf der ganzen Welt, das sind Arrogante, Hochmütige und Eingebildete, die immer noch meinen, nur sie allein würden dringend gebraucht.
Was wir brauchen, sind Demütige,
die aus Liebe und Respekt vor jeder Kreatur wissen, daß sie nur mit allen anderen – nur mit allen anderen zusammen etwas Wert sind. Nicht der Alleskönnende, nicht der Alleswissende und der Allesbeherrschende, sondern der sich Bescheidende, der mit dem Herzen die Wissenschaften vermenschlicht
und mit Heiterkeit die Herrschaften verunsichert.
Der mit den Schwachen eine Schwäche für den Frieden hat.
Dem man sogar oft die Stärke gar nicht ansieht,
weil es eine Schwäche ist.
Zum Beispiel: eine Schwäche für Versöhnung;
was ja eine Vorliebe für Versöhnung heißt.
Ich habe eine Schwäche für den Frieden.
Ich habe eine Schwäche für Versöhnung.
Was ja eine Vorliebe für den Frieden,
für Versöhnung bedeutet.

Dem, der den unteren, eigenen Weg geht,
alles im Auge und im Herzen behandelt,
der ist es, der uns auf den Weg schickt,
einmal anders mit den Menschen umzugehen.
Nicht der Fahnenschwinger und der Trompeten-
schmetterer,
sondern Gottes gütlichster Gefolgsmann aus der
hohen Schule der Geduld,
der Sanftmut und der Heiterkeit.
Nichts ist ihm zu fremd, daß es nicht auch ein Stück
von ihm sein könnte.
Niemand steht ihm zu fern,
als daß er nicht drauf zu ginge, um „Friede sei mit Dir"
zu sagen.
Begeben wir uns auf den Weg.
Fangen wir,
wie es so schön heißt, vor unserer Haustüre an.

ANTEILNAHME

Erkundigen wir uns, meine Freunde;
jeder, jeder ist doch froh,
wenn man Anteil nimmt.
Ganz egal, ob er nun groß oder klein, dick oder dünn,
berühmt oder unbekannt ist.
Die meisten Menschen, wir alle, brauchen das.
Wir brauchen,
daß mal jemand kommt und nach uns fragt. Nicht
wahr?
Denn nach den meisten Menschen fragt doch kein
Mensch. Viele blühen doch richtig auf, wie ein Honig-
kuchenlipizzaner, wenn man sie fragt, was sie denn so
machen. Wenn man sich für sie interessiert. Und da
können Sie mir sagen, was Sie wollen, alle Menschen
werden im Augenblick ganz andere Menschen,

wenn sie merken, da ist plötzlich jemand, der oder die sich für das, was ich so mache, interessiert.
Plötzlich sieht der ganze Tag völlig anders aus, viel heller, obwohl es regnet.
Weil man auf einmal von sich erzählen darf. Und dann muß man einfach zuhören.
Das ist übrigens das Wichtigste.
Zuhören können, den anderen einfach mal alles erklären lassen.
Ich habe das regelrecht üben müssen, muß ich zugeben.
Man hört sich ja auch gern selbst reden.
Besonders Künstler.
Aber jetzt ist mal der andere, der oder die andere dran.
Und der ist ganz überrascht,
endlich hört ihm mal jemand zu. „Das hab ich ja noch nie oder höchst selten erlebt."
Ich lasse mir oft von Leuten ihren Beruf haarklein erklären,
obwohl ich gar nichts davon verstehe.
Aber der andere erzählt mir dabei sein ganzes Leben.
Und ich sehe, wie er immer leidenschaftlicher wird.
Vor einer halben Stunde war er noch apathisch und verbittert
und seine kleine Frau saß ganz klein und schüchtern neben ihm.
Und jetzt sind beide nicht mehr zu bremsen, und sie erzählen und erklären und beschreiben und machen und tun, bloß weil jemand gesagt hat: „Wie geht's Ihnen?" und „Was machen Sie? Erzählen Sie doch mal!"
Sie müssen das, meine Freunde, auch mal machen.
Auch wenn Sie nicht gleich sämtliche Völker der Welt erreichen.
Probieren Sie's mal aus.
Wenn sie wieder einmal demnächst, hie und da in

Gesellschaft sind, oder egal wo, gehen Sie einfach mal
auf den Stillsten und auf die Schüchternste zu,
fragen Sie, was beide so machen,
dann lassen Sie sie erzählen.
Sire, geben Sie den Menschen ihre Bedeutung zurück!
Heute hier, morgen zwischen Moskau und Smolensk
und übermorgen auf der ganzen Welt. Beginnen
wir, meine Lieben, mit unserem Weg, nämlich bei
uns selbst.
Vielleicht ein bißchen viel verlangt,
so früh am Morgen, aber heute abend ist es vielleicht
schon zu spät.

DER GEIST, DER LEBENDIG MACHT – Predigt

Ich bin gebeten,
für diese Stunde mir Gedanken zu machen
über den Geist, der uns begleitet
und oft geführt hat,
vermutlich auch heute bis hier hin.
Ich kenne ihn seit meiner Geburt,
gut, wir haben erst nachher erfahren
von ihm, dem heiligen Geist.
Wir haben seit unserer Taufe von ihm gehört,
aber nichts verstanden,
in der Schule hörten wir oft von ihm,
aber wir konnten ihn noch nicht begreifen.
Auch zur Konfirmation kam er zu uns,
aber wir haben ihn nicht bei uns wohnen lassen,
noch nicht;
wir haben ihn nicht getroffen,
wir konnten ihn nicht bemerken.

Im Namen des Vaters und des Sohnes,
das ist vorstellbar, faßbar,
sogar anfaßbar – salopp gesagt,
aber im Namen des Heiligen Geistes,
das ist nicht so berechenbar,
denn der Geist ist unsichtbar,
und der Heilige Geist ist nicht nur unsichtbar,
Der ist oft auch nicht erkennbar,
denn seine Welt ist fassungslos,
teilweise sogar sprachenlos,
für viele sogar aussichtslos;
er ist von wolkenloser Musikalität
und wenn man ihn wiegen könnte,
ganz leicht und deshalb so schwierig,
je leichter der Heilige Geist,

desto mehr steckt ihn ihm,
er weiß alles, sieht und hört alles,
auch jetzt sieht und hört er uns,
er ist im Auftrage Gottes unterwegs,
uns das Schwere leicht zu machen.
Ich will nicht sagen, daß er immer bei uns ist,
wie man wohl in manchen Vorträgen hört,
er hat auch alle anderen Lebewesen in Gottes Welt
zu beflügeln.

Wie oft hat er uns verlassen,
der Heilige Geist,
das heißt eigentlich,
wir haben ihn verlassen;
wie oft hat er es uns schwer gemacht,
das heißt, wir haben es ihm schwer gemacht;
und es gibt ja auch Tage bei uns,
wo wir ihn wirklich nicht spüren mit unserem kleinen
Menschenglauben,
wo wir ihn uns jedesmal aufs neue erfühlen müssen
und glücklich sind,
wenn das Schwere plötzlich in uns abfällt und der
Geist
hier in uns und bei uns ist und Probleme sich aus dem
Staub machen und die Menschen wieder
anfangen zu lächeln.
Gott ist leicht,
Gott ist nicht schwer,
Gott ist schwierig, ist kompliziert, ist hochdifferenziert,
aber nicht schwer.
Gott ist das Lachen, nicht das Gelächter,
Gott ist die Freude, nicht die Schadenfreude,
das Vertrauen, nicht das Mißtrauen,
er gab uns den Sohn um uns zu ertragen
und er schickt seit Jahrtausenden den Heiligen Geist in
die Welt

daß wir zuversichtlich sind
daß wir uns freuen
daß wir aufrecht gehen ohne Hochmut
daß wir jedem die Hand reichen ohne Hintergedanken
und im Namen Gottes Kinder sind in allen Teilen der Welt
eins und einig sind
und Phantasten des Herrn werden
von zartem Gemüt
von fassungsloser Großzügigkeit
und von leichtem Geist

Ich zum Beispiel möchte immer Virtuose sein
was den Heiligen Geist betrifft
so wahr mir Gott helfe.
Amen

ZEITANSAGE – Predigt

Liebe Mitmenschen,
Freunde und Freundinnen,
Lebendige und Sterbliche,
Brüder und Schwestern mit Christus,

ich freue mich, Euch alle wiederzusehen und habe mir für diese Stunde, in der wir wieder einmal zusammen sein können, vier konkrete Menschengeschichten aus unserer Zeit mitgebracht, Gedankengänge und Augenblicke aus unserem Leben, Momentaufnahmen, kleine winzige Zeitstücke, wie wir sie fast täglich alle erleben, wie wir sie weitererzählen oder vergessen, wie wir sie oft als unwichtig betrachten und schleunigst ad acta legen, aber auch wie sie uns treffen und bewegen. Und ich möchte diese Geschichten gerne weitererzählen, weiß ich doch, daß es eben nicht nur meine Geschichten, sondern die Geschichten von uns allen sind. Und immer geht es dabei um das ewige Thema mit Variationen um die uralte Krankheit, Belehrung oder Anteilnahme, Verurteilung oder Liebe, Zorn oder Zärtlichkeit, Rache oder Versöhnung, Strafe oder Trost.
Von den meisten Menschen erfährt man ja gar nicht, wie es ihnen geht und man kann ja auch nicht jeden einzelnen fragen – so viel Lebenszeit haben wir ja nicht. Aber manchmal erfährt man von dem einen, wie es dem anderen geht und umgekehrt von dem anderen, wie es dem einen geht.
Das hört sich vielleicht etwas komisch an und ist es auch. Neulich habe ich das ganz genau erlebt, und zwar jeder hielt den anderen für völlig verloren. Das haben Sie gewiß auch schon erlebt,
daß zwei Menschen ganz verschieden leben und sich gegenseitig für völlig verloren halten.

BEGEGNUNG

Also, man begegnet dem einen und der sagt, „Gut, daß ich Sie mal treffe, ich wollte mich nämlich schon lange mal mit ihnen über den Heinz unterhalten. "
Ich sage: „Heinz, Heinz, Heinz, Heinz, Heinz? – Ich kenne viele, die Heinz heißen. Meinen sie vielleicht den, der früher bei Radio Brummer in der Schallplattenabteilung war? Der ist, glaube ich, jetzt Discjockey im Flamingo-Keller, meinen sie den?"
„Nein, nein, den meine ich eigentlich nicht. Ich meine den Heinz, den kennen sie doch auch, der damals bei Stratmann & Buschkötter in der Herrenausstatterabteilung gelandet ist, der war doch auch mal Dressman. Mit dem waren wir doch früher immer so viel zusammen, und der macht doch jetzt schwer auf Verkaufschef der ersten Etage, also, so was von angepaßt sage ich ihnen, ich halte ihn für völlig verloren. Weil, ich fand ihn nämlich ganz sympathisch und dachte immer, das ist einer von uns. Von der ganzen Art her – schade, also wirklich schade, wenn man dann so oberflächlich wird. Schmeißt sein Leben so mir nichts, dir nichts dem Mammon in den Rachen. Also, ich halte ihn jedenfalls für völlig verloren."
„Ja, was soll ich dazu sagen?" habe ich da gesagt.
„Ja, ich meine ja nur, ich meine, so könnte ich nicht leben."
„Müssen sie ja auch nicht", habe ich da gesagt.
„Ja, Gott sei Dank", sagte er da und schwieg.
Ein paar Tage später treffe ich zufällig den Heinz, den besagten Heinz aus der Herrenausstatterabteilung bei Stratmann & Buschkötter. Und da sagt er zu mir: „Gut, daß ich sie mal treffe. Ich wollte mich so lange mal mit ihnen über den Peter unterhalten. Den kennen sie doch sicher."

Ich sage: „Peter, Peter, Peter, Peter? – Ich kenne viele, die Peter heißen. Meinen sie vielleicht den, der früher bei der Sparkasse war und dann zur Marine gegangen ist?"
„Nein, nein, den meine ich nicht, ich meine den Peter, mit dem waren wir doch führer immer so viel zusammen, der hatte doch die hübsche Schwester, der wollte doch immer ans Theater oder wollte doch immer Musik machen und tingelt doch heute immer noch so rum."
„Ach, den Peter meinen sie, ja, den habe ich gerade noch vor ein paar Tagen getroffen."
„Ja, den meine ich, also, habe ich mich vorgestern erschrocken, der ist ja völlig verwahrlost. Also, den halte ich für regelrecht gefährdet, daß der im Leben unter die Räder kommt. Wie kann man sich nur so gehen lassen, der ist ja völlig verloren, also so könnte ich nicht leben!"
„Müssen sie ja auch nicht", sagte ich.
„Na, Gott sei Dank", sagte er und schwieg.
Aber so liegen eben Menschen, Familien und ganze Völker ständig auf der Lauer, beobachten und bezichtigen sich, halten sich gegenseitig für völlig verloren – seit Kain und Abel.

AUSSENSEITER MIT IROKESENFRISUR

Neulich bin ich wieder mal mit dem Zug gefahren, und bei dieser Fahrt bin ich auch durch Eitorf gekommen, ein kleines Städtchen im Sieg-Kreis, und da guckte ich zum Fenster hinaus, weil ich auch gucken wollte, ob das wirklich Eitorf ist, ich war ein bißchen unsicher, da sehe ich auf der Bank auf dem Bahnsteig einen Jungen sitzen. Wie alt mag er gewesen sein, dreizehn, vierzehn, fünfzehn, schon mit so einer – wie sagt man – Irokesenfrisur. Also in der Mitte vom Kopf so eine schmale, hochgestellte Bürste in einem leuchtenden Rot, sonst war der Kopf ganz kahlgeschoren. Ich meine, ich kann ja so eine Frisur nicht mehr tragen, ich habe auch in der Mitte keine Haare mehr und mir würde ja auch so eine Irokesenfrisur wohl auch nicht stehen und die Leuten würden wahrscheinlich gleich wieder sagen – wie schon so oft – „jetzt spinnt der schon wieder".

Aber ich habe auch nur so gedacht, als der Zug in Eitorf hielt und ich den Jungen sah. „Warum machen die Kinder das?" habe ich gedacht – ich meine, in zwanzig Jahren ist er sicher Einkaufsleiter bei Klettmann & Söhne, Zweireiher mit feinem Nadelstreifen, alles proper und ordentlich, die Haare nicht zu kurz, aber auch nicht zu lang; wenn man sich verabschiedet, sagt er meistens: „Ich bedanke mich, ich bedanke mich", wenn man seinen Besuch avisiert, sagt er sicher: „Ich freue mich, ich freue mich." Gut. Aber jetzt hat er ja noch die Irokesenfrisur.

Und als ich den Jungen so mutterseelenallein auf dem leeren Bahnstein in Eitorf da auf der Bank sitzen sah, da habe ich gedacht, vielleicht machen die das auch aus Solidarität mit den Indianern, vielleicht. Jedenfalls wollen die alle anders sein und anders aussehen als die meisten und mit der sogenannten normalen Gesellschaft, also die mit dem gesunden Menschenverstand, nichts zu tun haben, um zu zeigen, daß sie Außenseiter sind, und daß sie auch eine Minderheit sind, die nicht ernstgenommen wird, habe ich für mich so gedacht.

Ich weiß jetzt nicht, ob es wirklich so ist, ob es vielleicht nicht doch nur eine Mode ist, oder ein „Schickimicki-Protest", jedenfalls habe ich mir dann noch so andere Geschichten überlegt. Zum Beispiel können Frauen, die gegen die Ausländerfeindlichkeit

sind, einfach mal aus Solidarität Kopftücher tragen, so wie viele türkische Frauen, damit der Unterschied nicht so auffällt. Ich meine, der Unterschied fällt noch genug auf, aber dann nicht mehr so viel. Und es wäre doch mal ein Anfang.
Oder man könnte sich mit Homosexuellen solidarisieren und auf dem Ärmel diesen rosa Winkel, dieses Nazizeichen tragen, obwohl man selbst gar nicht homosexuell ist. Einfach nur, um damit zu sagen, daß alles öffentlicher und großzügiger gehandhabt wird, noch großzügiger.
Das alles fiel mir ein, als ich den kleinen Jungen auf der Bank auf dem Bahnsteig in Eitorf sah. Daß die Alten viel mehr und noch mehr mit den Jungen reden sollten, um mehr zu erfahren, noch mehr zu erfahren. – Deshalb muß man ja nicht gleich in die Partei von der Trude Unruh gehen, also so was von militantem Ehrgeiz auf einem Haufen habe ich schon lange nicht mehr gesehen. Da könnte ich neunzig sein, dann würden mich da keine zehn Pferde reinkriegen. – Aber das nur am Rande.
Aber, hab' ich auch gedacht, als ich den Jungen auf der Bank auf dem Bahnsteig in Eitorf sah, wie würdest du denn wohl 'rumlaufen, wenn du jetzt so dreizehn, vierzehn, fünfzehn wärst? Also, wie ich mich kenne, wahrscheinlich genauso. Denn, sehen Sie mal, wenn ich heute mit 64 immer noch Joe Cocker von Chris Rea und Level 42 von den Pet Shop Boys unterscheiden kann – die Jungen werden sich vielleicht da ein bißchen auskennen –, dann säße ich sicher auch mit dreizehn, vierzehn, fünfzehn auch auf der Bahnsteigbank in Eitorf mit Irokesenfrisur, als Außenseiter, aber von der ganzen Welt träumend.

TAXIFAHRERGESCHICHTEN

Wenn ich manchmal in eine fremde Stadt komme, wo ich mich also nicht so sehr auskenne – Sie kennen ja vielleicht meinen alten Spruch: „Wenn du auf die Welt kommst, eins mußt du dir merken: der erste, den du triffst, ist nicht von hier."
Das geht mir unterwegs sehr oft so, ich komme in eine Stadt und bis ich dann mal die Volkshochschule gefunden habe, muß ich zehn Leute fragen, die sind alle nicht von hier... Also nehme ich mir ein Taxi, damit ich nicht stundenlang in die falsche Richtung laufe.
Nun gibt es ja die verschiedensten Sorten von Taxifahrern: Es gibt Taxifahrer, die, wenn du auf den Wagen zugehst, springen sofort auf, schlagen den Kofferraum auf, nehmen dir dein Gepäck ab, unterhalten sich mit dir, sind freundlich, geben dir alle möglichen Auskünfte, sagen: „Auf Wiedersehen!" oder „Schönen Tag noch." Es gibt Taxifahrer, die bleiben sitzen, drehen sich nur ein bißchen um, machen im Sitzen die Tür auf für das Gepäck, sagen auch „Guten Tag" und fragen, wohin die Fahrt geht, aber auch kein Wort mehr, kein Wort mehr. Schreiben auch die Quittung für's Finanzamt, aber kein Wort mehr. Lassen dich dein Gepäck rauszerren und sind ungemein abwesend. Es gibt Taxifahrer, die sagen überhaupt nichts. Da muß man froh sein, wenn sie überhaupt fahren. Denen ist anscheinend alles zuviel, daß man überhaupt einsteigt, ist eigentlich schon eine Frechheit. Und dann noch das Fahrziel – es liegt nämlich gleich um die Ecke – und dann noch eine Quittung schreiben – ja, wo kämen wir denn da hin.
Es gibt Taxifahrer, die, wenn ich in Heidelberg einsteige und sage: „Nach Mannheim bitte", damit ich da noch den IC kriege, dann sagen die: „Ich kann Sie auch bis nach Köln fahren."

Das sind dann ganz lustige Burschen, denen ist nichts zuviel oder zuwenig. Es gibt Taxifahrer, die fangen gleich an, über die politische Lage zu klagen, daß die vielen Ausländer jetzt endlich 'raus müßten. Es gibt Taxifahrer, die tatsächlich kaum deutsch können, weil sie Ausländer sind, aber gute Taxifahrer sind. Es gibt Taxifahrer, die das alles nur vorübergehend machen, die mal bessere Zeiten gesehen haben, nettere ältere Herren. Es gibt Taxifahrer, Studenten, drittes Semester Psychologie, haben gerade eine Statistik-Klausur mit Ach und Krach hinter sich, machen nachts noch Hotelportier. Es gibt Taxifahrer, die haben ein Foto von Frau und Kindern auf dem Armaturenbrett. Es gibt Taxifahrer, die sagen zu mir: „Ihre Stimme kenne ich doch, Pat und Patachon, stimmt's?" „Ja." Es gibt Taxifahrer, die fahren grundsätzlich nur nachts und das ganze Auto duftet nach leichten Mädchen. Es gibt Taxifahrer, die erzählen dir in fünf Kilometern ihr ganzes Leben. Es gibt Taxifahrerinnen, denen sieht man ihr ganzes Leben sofort an... und dann kommst du wieder an einen Taxifahrer, für den du der allerletzte Fahrgast bist: Keine Bewegung, kein Wort, kein Danke für's Trinkgeld, kein „Tschö", nichts. Und oft habe ich deshalb die ganze Qualität einer Stadt an einem Taxifahrer abgelesen. Das ist natürlich töricht und völlig ungerecht. Aber mir geht das sehr oft so, daß ich bei einem unfreundlichen Taxifahrer gleich die ganze Stadt für unfreundlich halte. „Laß' das!", sage ich dann immer, „Laß' das!", du kannst doch nicht von einem Taxifahrer auf eine ganze Stadt schließen, oder von einer Stadt auf ein ganzes Land, oder von einem Land auf ein ganzes Volk, oder von einem Volk, von deinem, von unserem, auf die ganze Welt. „Laß' das bitte!" Wenn das die vielen Taxifahrer und Fahrerinnen bei mir wirklich fertigbringen, daß ich mich mit meinen Vorurteilen zurückhalte, dann soll mir diese Zunft gerade recht sein.

DER AUSFLUG

Hatten Sie eigentlich in diesem Sommer – er ist ja nun bald vorbei, die schöne Zeit – viele schöne Ausflüge?
Ein Ausflug ist doch immer etwas Herrliches. Wissen Sie noch früher, als Schulkind, ein Ausflug, das war doch für uns Kinder ein Feiertag. Schulfrei hieß das doch und dann immer leckeren Kartoffelsalat mit und so eine große Flasche mit Himbeersaft und Sprudelwasser und dann den Rucksack auf und es ging los. Meistens ging es doch zu einer Sehenswürdigkeit, dahin, wo der Neandertaler gehaust hat oder in ein Amphitheater, mit Siegfried und Krimhild, da bei Xanten oben, oder auch einfach in den Wald. Als Kinder haben wir das doch alles wie Weihnachten genossen. Erst mit einer Bimmelbahn, dann mit einer Kreisbahn und dann zu Fuß. Heute wird ja alles meist mit Bussen gemacht. Ich mache ja heute keine Ausflüge mehr, ganz selten und dann meistens allein, aber so richtige Ausflügler, die machen doch alles am Block und pauschal, denn die sind ja auch immer in großen Haufen unterwegs, kommen entweder die Bahnsteigtreppe hinauf oder herunter, wie die fliegenden Ameisen und laufen einem immer „vor de Füß" – wie man sagt. Und immer einem oder zwei Leithammeln hinterher. Die kann man dann meistens am Gesicht oder an der straffen Figur erkennen. Die leiten auch oft zu Hause einen Gesangverein oder Kegelclubs. Manchmal geht auch eine Dame mit erhobenem Regenschirm voran vor der Völkerwanderung und meistens ist es eine kleine Dicke, oder alles fällt wie ein Klumpen aus dem Bus und guckt in die Luft und steht im Weg. Wenn Sie mal eine Menschengruppe zusammenstehen sehen, die in die Luft guckt, dann sind das Ausflügler. Ausflügler,

die fünf Stunden Bahn- oder Busfahrt hinter sich haben und nun in die Luft nach oben gucken und auf das Glockenspiel vom Leben und vom Sterben warten, daß immer um voll, dann um halb und wieder um voll gespielt wird. Wo am Anfang alle beim fröhlichen Tanz sind, bei Speis' und Trank sind, wo man den Bauern auf dem Felde und den Handwerker in der Werkstatt sieht und den Ratsherren in seinem Rathaus. Und plötzlich kommt dann der Tod mit einer großen Trommel und spielt das Lied von Ritter, Pest und Teufel, hat eine Sense als Symbol mitgebracht. Und alle, alle müssen sterben. Und der liebe Gott fährt auf einem Karusell vorbei, so als wolle er sagen: „Habe ich euch es nicht gesagt, so ist das Leben und das Sterben." Und die Ausflügler stehen unbeweglich. Man kommt kaum an ihnen vorbei, geschweige denn durch sie hindurch. Alle gucken immer nach oben, stundenlang und warten, bis der große Zeiger wieder auf voll, auf halb und dann wieder auf voll steht. Und samstags Schlag zwölf springt immer eine weiße Taube aus dem Glockenspiel, fliegt immer erst einmal um den Glockenturm herum und verschwindet dann wieder, und die Ausflügler wissen nie so recht, ob das nun die Friedenstaube oder die La Paloma-Taube von Hans Albers war. Egal. Sie haben jedenfalls das St.-Gottes-erbarm-Glockenspiel von A bis Z miterlebt und können nun ein Eis essen gehen oder die Butterbrote auspacken. Im Pulk strömen sie ins nächste Café und stehen auch da im Weg. Gucken zwar nicht mehr nach oben, sondern mehr oder weniger in den Stadtführer, um die historischen Daten festzuhalten. Und gegen Abend stehen sie wieder auf dem Bahnhofsplatz, wieder gucken alle nach oben. Es gilt Abschied vom Dom zu nehmen, mein Gott, ist der groß, und so oft kommt man ja auch nicht in die alte heilige Stadt. Dann verstopfen sie wieder die Bahnsteigtreppen, verschwinden in kleine, extra

für sie vorbestellten Zügen oder klettern in die eigens für die pralle Gemeinschaft reservierten Busse, gucken nicht mehr nach oben, sondern vor sich hin: Reiche, Arme, Dicke, Dünne, Gebildete, Ungebildete, Geschmackvolle, Geschmacklose, Sozialisten, Atheisten, Kapitalisten, Christen, Traditionalisten, Futuristen, mit einem Bein schon zu Hause, mit dem anderen Auge schon im Bett, so als wäre ein schöner Schulausflug, wie damals zu Ende gegangen.
Aus Kindern werden Leute, aus Leuten werden Menschen und alle haben wir nur eine Spielzeit, alle sind wir nur auf der Durchreise und alle hoffen wir, mit Gottes Hilfe, zu einer großen Blüte ans Ziel zu gelangen. Und sind so befangen und in so viele Kleinigkeiten des Lebens eingebunden, daß wir nicht immer die Besten, die Frömmsten, die Gütigsten, die Zärtlichsten sein können. Aber uns darum bemühen immer von neuem, vom Morgen bis zum Abend und in der Nacht bis zum Morgen, Gottes Menschenkinder – „Menschenskind" sagt man ja auch – zu sein. Heute noch hier, inmitten von Habgier, Eitelkeit und Vorurteilen und morgen schon bei Ihm, inmitten von Liebe, Trost, Frieden und Erlösung.
Lebendige und Sterbliche, ich danke Euch.

FRIEDE SEI MIT EUCH – Predigt

Fürchtet Euch nicht! Damit möchte ich Euch alle heute morgen herzlich grüßen, daß soll heißen: Geht erhobenen Hauptes durch die Zeit. Laßt Euch nicht täuschen, unsere Ideen sollen weiterhin den Gedanken der Außenminister vorauseilen. In den Metropolen müssen wir ein Netz von Handreichungen aufbauen, für das Erbarmen gegen die Geschichte, unser bisheriges Einmaleins, unser Gewohnheitsalphabet, unser Alles. Klar-Gefühl „Kein-Problem-Denken", alles klar, kein Problem, kein Thema, alle diese lauten Sicherheiten sollten wir noch einmal auf die Probe stellen, ob das alles aus uns schon wirklich friedfertige Menschen macht, ob wir nicht schon angefangen haben, jetzt, wo die Welt sich zu erholen scheint, manchmal ganz heil aussieht, ob wir nicht auch schon angefangen haben, einfach zu vergessen, zu verdrängen, daß der Friede keineswegs immer in uns ist, sondern nur manchmal uns pragmatisch ans Herz gelegt wird, ob wir nicht unser unruhiges Innere mit dem „Äußeren Geschehen" versuchen zu glätten, so wie eine grandiose Außenpolitik ja oft von einer schwierigen Innenpolitik ablenken soll. Euphorie wird zur Zeit groß geschrieben, Elend und Not beiseite geschoben, Trauer ist nicht angesagt, Kummer muß jeder mit sich selbst verarbeiten. Viele Menschen werden an den Rand geschoben. Wo sind wir? Es geht hier nicht um Vorwürfe. Es geht um Schwierigkeiten, um die Stillen, die hier helfen und dort fehlen, die dort heilen und hier versagen, es geht um die Enttäuschten, die nicht den Krieg, sondern den Frieden verloren haben, weil sie sich auf Menschenmachwerk verließen. Der Friede aber ist erst unangreifbar, wenn er in unserem Herzen hin und her springt, von uns kaum zu bändigen, und er ist ein Sohn der Demut, d. h. er kommt aus dem Geist, der uns bereit macht, anzuerkennen, daß jemand da ist, der mehr von unserem Kommen und Gehen weiß als wir, er kommt aus dem Geist, der es uns leicht macht, sich zu unterwerfen, sich in die zweite Reihe zu stellen, sich einfach als Schüler zu verstehen, und dem Meister den 1. Platz zu lassen, dies heißt aber auch, frei von allen irdischen Zwängen zu sein, zwar weltichem Schnick-Schnack oft zu unterliegen, aber doch zu wissen, in welchen Kartenhäusern wir eigentlich unser Leben verbringen, heiter zu sein heißt es, Aufgabe heißt es, nämlich die Aufgabe, alles, was uns an Programmen über den Kopf geschüttet wird, *aufzugeben.* Aufgabe, d. h. uns alle auf den *Geist* des Friedens zu verlassen, *Friede sei mit Euch. Fürchtet Euch nicht!* Nicht auf den Geist des Geldes, auf den Geist des Sieges, auf den Geist der Rache, auf den Geist der Konkurrenz. Auf den Geist der Verteufelung, auf den Geist der Vorurteile, auf den Geist der Macht, sondern nur auf den Geist des Friedens verlasse ich mich, auf den Geist, der keine Unterschiede kennt, der mir die Stärke gibt, mich bis zur Ohnmacht von der Geschichte *nicht* verführen zu lassen. Wir, die wir an Christus glauben, müssen mehr tun, als die Geschichte uns antut. Unser Frieden ist ein Frieden im Zeichen der Liebe, und hört nirgendwo auf, unser Frieden hört nicht plötzlich in Schlesien oder in Polen auf, weil *unsere Liebe* keine geregelte ist. Keine lokalisierte, keine standardisierte, spezialisierte, sondern in Patagonien ebenso blüht wie bei den Eskimos. Fürchtet euch nicht, wir werden die kleinliche Welt überwinden, wenn wir von vorne beginnen und den Frieden nicht mit Füßen treten, weil wir meinen, ihn schon abheften zu können, daß alles schon so rund und geschönt und gefärbt aussieht. Darob wollen wir aber nicht verbittern, wenngleich uns die Geschichte oft bitter und geschlagen stimmt, die Geschichte, der wir nachlaufen, von der wir nie genug bekommen, die uns in ihre Netze lockt und uns das große Glück verspricht, es aber nicht halten kann:

Geschichte macht dick
Macht schwer beladen
Ist Gegenwartsgewirre
Und Vergangenheitsgepäck
Aus Blut und Ekel, Kot und Dreck
Macht stumpf und lahm
Und geistig irre

Geschichte ist der Drache der uns frißt
Geschichte ist die Rache die uns küßt
Auf Mund und Stirn und ins Genick
Geschichte ist der schizophrene Augenblick
Soll man nun hassen hassen hassen
Oder lieben lieben lieben
Prassen prassen prassen
Schieben schieben schieben

Geschichte macht dick
Macht schwer beladen
Geschichte ist die Unvernunft
Kein Friede nicht noch Unterkunft
Für's Herz für's fröhliche Gemüt
Geschichte ist ein krankes Lied

Und kommt dann mal ne Blütezeit
Im leichten hellen Frühlingskleid
Dann stellt sich hinterher heraus
Das Kleid kommt aus dem Totenhaus
Ein Hemd als Fahne aufgemacht
Und Deutschland weint und Deutschland lacht

Geschichte macht dick
Macht schwer beladen
Ist eine hysterische Ziege
Frißt Gold Lorbeer und Ruhm
Und macht aus Wasser Blut aus Blut dann Geld
Und das schon seit dem Altertum

Geschichte ist das bleiche Morgengrauen
Für Männer Tiere Kinder Frauen
Geschichte ist des Henkers Abendmahl
der steht gespreizt und freut sich auf die Zahl:

Der Leichen Leichen Leichen
Siege Siege Siege
Wahrheit Wahrheit Wahrheit
Lüge Lüge Lüge

Und bricht Geschichte wieder aus
Und setzt als Preis den Menschen ein
Ob Jude Moslem oder Christ
Sei froh wenn Du zu Hause bist
Die Deinen all um Dich vereint
Denn Deutschland lacht und Deutschland weint

Friede sei mit Euch! Fürchtet Euch nicht!

Und doch ist manchmal Angst in mir
Und bin doch sonst so zuversichtlich
Ich habe Angst vor der Gewalt
Und Furcht
Ich lese: Ausländer raus
Bereichsleiter Ostmark
Deutschland den Deutschen
Im Osten wie im Westen
Messer Gaspistole
Keule Baseballschläger

Was Deutsch ist muß weichen
Treibjagd auf Jugoslawen und Rumänen
Vietnamesen
Rassismus
Springerstiefel Stoppelkopf
und Bomberjacke
Die Randale-Szene ist im Osten
fest in rechter Hand
Frontkämpfer-Uniform mit Tarnhose
und Landser Käppi
Ich bin stolz ein Deutscher zu sein steht auf dem Ärmel
Schnürstiefel und Stahlkappe
Heil Hitler! Juden raus!
Und manchmal denk ich
Das sind doch Kinder
Und auf der Wache weinen sie – les ich
Ich habe Angst, daß ich es eines Tages spür

So laßt uns denn das Lied zu Ende singen
Zusammen und Allein
Von Tag für Tag den Widerspruch vollbringen
Wir haben Angst und müssen mutig sein

Und wieder bin ich angewiesen
im besten Sinn des Wortes
auf Gott den Herrn
Auf daß ich alle Furcht verlier
Angst von mir abfällt
Und ich in Ruhe allen sagen kann:

Der Herr ist mein Hirte
Mir wird nichts mangeln
Er weidet mich auf einer grünen Aue
Er erquickt meine Seele
Er führet mich auf rechter Straße
Um seines Namens willen
Und ob ich schon wanderte im finsteren Tal
fürchte ich kein Unglück
Denn Du bist bei mir
Dein Stecken und Stab trösten mich
Du bereitest vor mir einen Tisch im Angesicht meiner Feinde
Du salbest mein Haupt mit Öl
Und schenkst mir voll ein
Gutes und Barmherzigkeit werden mir folgen
mein Leben lang
Und ich werde bleiben im Hause des Herrn
Immerdar
Psalm 23

Fürchtet Euch nicht Friede sei mit Euch
Ich bin vergnügt
Freut Euch in dem Herrn allerwege
Und abermals sage ich: Freuet Euch
Der Friede Gottes, welcher höher ist als alle Vernunft
Bewahre Eure Herzen und Sinne
in Christus Jesus
Amen

ICH SETZE AUF DIE LIEBE – Predigt

Vorspruch

Unter Stehlampen sitzen wir
Mit all unsren sterblichen Dingen
Und wir lieben diese alte Welt
Die keinen Urlaub kennt

Aber wir bleiben stumm
Denn unser Schmalspurschicksal interessiert ja nicht
Wir gehen weiter wenn Bäume abgesägt werden
Ein Schulterzucken ist kein Trost für die Blätter

Wenn wir unser Nebenan erblicken
Sind wir nicht mehr wie wir sind
Sehen wir an uns entlang
Denken wir an unsre Obduktion

Wir hören unser Umunsherum
Wissen auch viel von Biologie
Und feiern manchmal Triumphe
Doch säuberlich zusammengerechnet
Wohnen wir allein
Jeder in seinem Gartenzaun

Unsere Welt hat kein Dach über dem Kopf
Wir sitzen unter Stehlampen
Und warten auf das Kopfnicken der Katastrophe.

Liebe Freunde und Freundinnen mit Christus!

Es ist für mich eine hohe Auszeichnung, mit Euch in dieser Messe eine Predigt zu versuchen. Ich sage versuchen, weil ich bis zu diesem Augenblick immer noch nicht recht begriffen habe, das ich das tun darf. Denn predigen heißt ja verkünden, verkündigen, heißt auch schelten oder sogar im Zorn sich für oder gegen etwas ereifern, die Leviten lesen. Was aber kann ich verkünden, wen sollte ich schelten, und für wen oder gegen was soll ich mich an dieser Stelle ereifern. Und siehe da, ich fand einen Ausweg und dachte mir: Du mußt dich für etwas begeistern!
Nun ist das wie immer, und alles leichter gedacht und gesagt als getan. Wir leben wieder in einer Welt der Knechtschaft, der Ausbeutung, der bedingungslosen Polarisierung, wir leben in einer Todeslandschaft und wissen oft nicht mehr ein noch aus. Wie soll da noch Begeisterung übrigbleiben oder neu aufkommen und wachsen, zumal wir selber schon halb gefangen sind in den Netzen unserer ideologischen Weismacher und ihrer pragmatischen Handlager, Spekulanten und Interessenkrämer, die Gottes Erde und was darin ist, den Erdkreis und die darauf wohnen, verkaufen und verkommen lassen.
Nun, ich halte hier keine politische Rede, obwohl es vielleicht für mich leichter wäre. Nein, ich will mich für etwas begeistern! Vielleicht für eine Devotio moderna, für eine neue Frömmigkeit ohne Aufsehen, ohne unsere irdische Betriebsamkeit, ohne Raserei durch die erbarmungslose Öffentlichkeit unserer Tage. Ich weiß, wie schwierig das ist, wie viele Konflikte auszuhalten sind, wie viele Widersprüche anzunehmen und zu ertragen sind, wie viele Enttäuschungen verarbeitet werden müssen, wieviel täglicher Klein-

kram uns einen Strich durch unsere Hoffnungen macht und wie viele Menschen dann oft in einem Labyrinth der Aussichtslosigkeit enden.
Manch gutes Wort und manch schöner Spruch sind dann für viele Menschen nicht mehr annehmbar. Das ist nicht so einfach, dann nur mit der Bibel zu kommen und zu glauben, dann ginge es schon wieder, dann sei wieder alles gut. Das müssen wir wissen, wenn wir öffentlich darüber nachdenken wollen. Das müssen wir wissen, wenn wir unserer Soziabilität treu bleiben wollen. Aber dennoch und gerade deswegen bleiben wir bei dem Wort Gottes, dennoch und gerade weil wir es wissen, setzen wir auf die Bibel, dennoch harren wir aus und setzen unsere Hoffnung auf die Sprache Jesu Christi. Warum?
Weil es die freiestes Sprache, die umfassendste, die menschlichste und die innigste Sprache ist. Selbst im Schweigen sagt und zeigt uns Christus, daß es, meine Freunde, um eine andere Weltgeschichte geht, als die, die wir hier und jetzt so jämmerlich fabrizieren. „Und er antwortete ihm nicht auf ein Wort, so daß sich der Landpfleger sehr verwunderte." Ein Bibelsatz, der mich in den letzten Jahren immer wieder beeindruckte und begleitete. Und ich meine, es ist ein hoch politischer Satz. Wie tief muß Jesus durch Pilatus und desgleichen hindurchgesehen haben und wahrlich eine andere Geschichte gemeint haben, und das angesichts des nahen Todes. Wie lächerlich sie uns doch alle erscheinen müssen, die Herren Landpfleger und ihresgleichen früher und heute, wenn wir uns die übermenschliche und überweltliche Contenance des Jesus von Nazareth vorstellen. Ich sage es so salopp, um mir überhaupt nur einen Bruchteil von diesem Geist, der die Welt überwunden hat, vorstellen zu können.
Und vielleicht muß man es ganz anders sagen und sehen, ganz anders auslegen, „des Menschen Herz

erdenkt sich seinen Weg, aber der Herr allein lenkt seinen Schritt", das wissen wir zu gut, aber gleichviel, warum das alles:
Weil er uns erlösen wollte, weil er uns geliebt hat, weil er von uns gewußt hat, weil er unser Kommen und Gehen, und das, was an schwerem Leben dazwischen ist, weil er dies vorausgefühlt hat und immer voraussehen wird bis in alle Ewigkeit, weil er uns geliebt hat.
Ich will hier nicht den Theologen spielen und keinem ins Handwerk pfuschen, aber könnte es vielleicht nicht daran liegen – der organisierte Tod marschiert immer schneller mit Gift und Gas, mit Hunger und Folter, mit den teuflischsten Waffen seit Menschengedenken durch unsere Welt, mit Haß und Habgier in den Hirnen laufen die Menschen Programmen und Funktionären nach – könnte es vielleicht nicht auch daran liegen, daß wir alle noch nicht mit der Geschichte Jesu Christi begonnen haben, oder daß wir alle meinen, die Geschichte Gottes schon so gut zu kennen.
Martin Luther sagt: „Wir hingegen, liebe Freunde, wollen uns so verhalten, als ob wir die Geschichte noch nicht kennen." Wollen wir vielleicht annehmen, wir sind schon ganz ordentliche Christen, wenn wir ein Transparent höher halten, oder etwas mehr beten und singen, ein Grab schmücken, Geld nach Lateinamerika schicken, damit sei schon alles getan. Natürlich ist damit vieles getan. Aber ich meine, ich fürchte sogar, wir haben mit dem größten und schwersten Mittel noch nicht begonnen: Mit der Liebe, wie sie uns Christus demonstriert hat. Mit der Nächstenliebe nicht und mit der Feindesliebe haben wir noch nicht begonnen, und sind frei nach Goethe ein düsteres Geschlecht geblieben, dem nicht zu helfen ist.
Bertold Brecht, der sicher kein Christ war, hat es uns vorgehalten: „Wollt nicht in Zorn verfallen, denn alle Kreatur braucht Hilf' von allen."

Der Ton liegt auf alle und allen, die Freundlichkeit und die Hilf für jede Kreatur. Die Solidarität der Kreaturen. Das braucht Geduld, aber es heißt auch: „Ein Geduldiger ist besser als ein Starker, und wer sich selbst beherrscht ist besser, als einer der Städte gewinnt."
Laßt uns, meine Freunde, die Geschichte Jesu Christi beginnen. Die große Geschichte der Liebe, daraus die Geschichte des Friedens wächst, blüht und gedeiht. Verlassen wir die Geschichte der kleinlichen Polarisierer, deren Mittelmäßigkeit stets in Anmaßung übergeht. Laßt uns, wie der große griechische Prediger Johannes Chrysostomus gesagt hat, *das Kreuz Christi wie eine Krone tragen.* Beginnen wir mit der Geschichte Gottes, unsere Weltgeschichte wird eine andere werden, und wir werden erlöster aussehen.

Wenn ich mit Menschen und mit Engelszungen redete
und hätte der Liebe nicht
so wäre ich ein tönend Erz
oder eine klingende Schelle
Und wenn ich weissagen könnte und wüßte
alle Geheimnisse und alle Erkenntnis
und hätte allen Glauben
also daß ich Berge versetzte
und hätte der Liebe nicht
so wäre ich nichts

Die Liebe ist langmütig und freundlich
die Liebe eifert nicht
die Liebe treibt nicht Mutwillen
Sie blähet sich nicht
Sie stellet sich nicht ungebärdig
Sie suchet nicht das Ihre
Sie läßt sich nicht erbittern
Sie rechnet das Böse nicht zu

Sie verträgt alles
Sie glaubet alles
Sie hoffet alles
Sie duldet alles

Die Liebe höret nimmer auf
So doch die Weissagungen aufhören werden
Und die Sprachen aufhören werden
Und die Erkenntnis aufhören wird
Denn unser Wissen ist Stückwerk
Und unser Weissagen ist Stückwerk *1. Korinther 13*

Und so werden auch die Soldaten langsam nicht mehr durch die Stadt marschieren, sie werden langsam nach Hause gehen und Apfelbäume – wenn ich ein Dichter wäre, müßten's Apfelbäume sein – und Apfelbäume pflanzen. In Peking werden die Soldaten mit ihren Bajonetten kleine Holzvögelchen schnitzen. Und überall werden die Soldaten voller Freude wieder ein richtiges Handwerk erlernen und mit den Kindern sonntags auf den Hügeln sitzen und Pflanzen beschreiben.
Die großen Raketen werden zwar zunächst noch in den großen Museen zu sehen sein, aber dann wird man bald darüber lachen.
Und der große amerikanische Präsident wird am lautesten darüber lachen.
Die ganze Welt wird lachen.
Und wie das so ist, zuerst werden alle Menschen etwas verlegen grinsen, dann werden sie lächeln, dann lachen und schließlich so losprusten, daß die, die noch vor kurzem sehr geweint hatten, schon ein bißchen mitlächeln. Man wird sich auf die Schulter schlagen und sagen: Mensch!
Denn ein anderes Wort wird ihnen zunächst nicht einfallen. Mensch! werden sie alle sagen, und denken werden sie alle, wie konnten wir nur so lange so

dumm sein, wo wir doch immer dachten, wir wären so klug. Und wenn wir dann sehen, wie die Marxisten nicht mehr Marxisten und die Kapitalisten nicht mehr Kapitalisten und die Faschisten nicht mehr Faschisten und die Kommunisten nicht mehr Kommunisten und die Nationalisten nicht mehr Nationalisten und die Rassisten nicht mehr Rassisten und die Stalinisten nicht mehr Stalinisten zu sein brauchen, dann werden wir sehen, wie eine zufriedene Menschheit durch Täler und Schluchten, über Gebirge und auf wilden Flüssen sich auf den Weg macht, um sich Guten Tag zu sagen und zu fragen: Wie geht es Dir?
Und wen wundert's dann, wenn dann die Chinesen in Bonner Cafés sitzen und Deutsche auf dem Roten Platz in Moskau Luftballons steigen lassen, wen wundert's dann, wenn Orthodoxe mit Atheisten sich über's Wetter unterhalten und Farbige in europäischen Krankenhäusern operieren und Juden und Kleinbürger, Hindus, Christen und Zigeuner an einem schönen runden Tisch im Freien sitzen und sich alte Witze erzählen.
Wen wundert's dann?!
Und dann kommen auch noch die Amerikaner (die kommen ja immer) und singen eines ihrer vielen lustigen Lieder. Und der Refrain eines Liedes könnte vielleicht heißen:
Wenn wir ehrlich sind, alter Bursche
Müssen wir doch zugeben
Daß wir alle gleich sind
Daß bißchen Fleisch und Knochen
Das ist doch nichts Besonderes
Darum laß uns daran denken, alter Bursche
Daß von uns das Gleiche übrigbleibt.

Keiner fragt mehr nach Konfession oder Hautfarbe, nach Weltanschauung oder Parteibuch, nach Bankkonto oder gesellschaftlicher Position. Aller ideologischer Ballast kann endlich über Bord geworfen werden. Besserwisser und Sklavenhalter, Rechthaber und Ausbeuter werden nie mehr gesehen.
Der Mensch kommt zur Ruhe. Die Zukunft leuchtet.
Der Frieden ist mit uns.

Ja! Ich will mich für etwas begeistern!

Ich setze auf die Liebe
Das ist das Thema
Den Haß aus der Welt zu entfernen
Bis wir bereit sind zu lernen
Daß Macht Gewalt Rache und Sieg
Nichts anderes bedeuten als ewiger Krieg
Auf Erden und dann auf den Sternen

Ich setze auf die Liebe
Wenn Sturm mich in die Knie zwingt
Und Angst in meinen Schläfen buchstabiert
Ein dunkler Abend mir die Sinne trübt
Ein Freund im anderen Lager singt
Ein junger Mensch den Kopf verliert
Ein alter Mensch den Abschied übt

Ich setze auf die Liebe
Das ist das Thema
Den Haß aus der Welt zu vertreiben
Ihn immer neu zu beschreiben
Die einen sagen es läge am Geld
Die andern sagen es wäre die Welt
Sie läg in den falschen Händen

Jeder weiß besser woran es liegt
Doch es hat noch niemand den Haß besiegt
Ohne ihn selbst zu beenden
Er kann mir sagen was er will
Er kann mir singen wie er's meint
Und mir erklären was er muß
Und mir begründen wie er's braucht
Ich setze auf die Liebe! Schluß!

Gott schütze Euch
Gott schütze und befreie uns

Amen

Am Rande des Grabes

Wer von uns kann schon sagen
Wie damals Maria von Magdala
Ich habe den Herrn gesehen
Wer von uns kann so vermessen
So fromm oder trunken sein
Und kann damit durch die Welt gehen
Jedermanns Haus betreten
Mit froher Zuversicht
Ohne Furcht und mit freien Händen
Unter dem Himmel dahingehen
Wer von uns kann so kühn und lebendig
Allem begegnen, was ihm widerfährt
Und ist so verwandelt und losgelöst
Weil er es weiß
Ich habe den Herrn gesehen
Sehn wir nicht immer am Rande des Grabes
Zuerst nur den Gärtner
Und denken, er habe den Grabstein weggeholt
Und alles habe so seine Friedhofsordnung
Und sind dann gar nicht betroffen
Und gehn mit dem Weinen sehr sparsam um
Weil wir das alles nicht glauben möchten
Heute am Ende der Neuzeit
Und sind doch so sterblich wie ehedem
Herr verlasse uns nicht
Ja Du bist auferstanden
Du hast das Grab und den Stein überwunden
Aber geh nicht so wortlos davon
Ich habe den Herrn gesehen
Möchten wir gerne sagen
Genau wie damals Maria von Magdala
Wir haben das leere Grab gesehen
Und der Stein war hinweg

Seht welch ein Mensch
Hat Pilatus gesagt
Ich kann keine Schuld an ihm finden
Und so gehen wir durch Mühe und Leid
Durch Hoffnung und Tod
Durch Anfang und Ende
Schuldlos und voller Schuld
Mit einem leeren Grab
Aber der Stein ist hinweg

Du hast ihn o Herr überwunden
Für uns aus dem Weg geräumt
Du bist durch ihn hindurchgegangen
Wolle mich nicht berühren hast Du gesagt
Und Maria von Magdala Sünderin einst
Und später Büßerin in der Provence sagt die Legende
Hat uns die Nachricht gegeben
Ich habe den Herrn gesehen
Ruhiger denn je
Gelassener denn je und freier als alle Freiheit
Alle Großzügigkeit war um ihn versammelt
Alle Liebe in ihm
Und so hat er uns verlassen
Um Tag und Nacht bei uns zu sein
Ich habe den Herrn gesehen
Möchten wir sagen
Seht welch ein Mensch
So möchten wir sein
Fürchtet Euch nicht
Die Tür steht offen
Der Stein ist verschwunden
Wir können mit IHM in alles hinein
Aus allem heraus und durch alles hindurchgehen
Amen

Seht, welch ein Mensch – Predigt

Freunde laßt uns singen aber was
Ich habe Menschen gesehen die
wenn sie ihr Opfer gefunden hatten
sofort etwas schneller und etwas lauter sprachen
Im Namen des Volkes im Namen des Vaters
Im Namen der Was-weiß-ich-Revolution

Ich habe Menschen gesehen die sofort etwas schneller
Und etwas lauter sprachen oder vorlasen aus Büchern
Und mit belegter Stimme alles belegten nur um Sieger
zu werden
Die immer etwas mehr wußten und etwas besser
wußten als ihre Opfer
Auch wenn es sich um einen Witz drehte

Seht welch ein Mensch

Wir haben Augen im Kopf
Wir haben gute Augen
Wir haben schlechte Augen
Wir haben Augen die sprechen
Wir können mit anderen Augen sehen
Wir können mit eigenen Augen im Spiegel unsere
eigenen Augen sehen
Wir können andere Augen sehen
Wir können Augen machen
Wir können anderen schöne Augen machen
Wir können ein Auge zudrücken
Wir können die Augen schließen
Wir können unsere Augen einen Spalt öffnen

Wir können unsere Augen weit aufreißen
Wir können unseren Augen nicht trauen

Die immer wieder jawohl sagten jawohl jawohl
In Violinkonzerten ertranken und die restlichen Bilder
Luther Kindheitsbestecke
Hölderlintastaturen
Einfach verbrannten
Einfach sich nicht mehr stören ließen
Und versteinerten

Seht welch ein Mensch

Wir können uns auf unsere Augen verlassen
Wir haben unsere Augen überall
Ich habe Menschen gesehen
Die sich alles an fünf Fingern ausrechneten
Das kann man sich doch an fünf Fingern ausrechnen
Sagten sie
Beim Straßburger Münster und beim längsten Fluß
Asiens
Und wurden doch ausgesetzt auf getarnte Seelen-
Verkäufer
Von denen die etwas lauter und etwas schneller
gesprochen hatten
Ich habe Menschen gesehen die ganz plötzlich
aufsprangen
Um etwas zu sagen und sich wieder hinsetzten
Mit schneeweißem Gesicht
Abgeschlagen
Hinterher sich dann heimlich betranken
Die lichterloh durch Kornfelder streiften
Deutschland die zweigeteilte Dame auf dem Rücken
Selbst zweigeteilt sich nicht entscheiden konnten
Und in motorisierten Küchen unter den Tisch fielen
Ohne Unterschrift

Seht welch ein Mensch

Wir können mit unseren Augen beobachten
Wir haben wachsame Augen
Wir sehen wie man sich auf dem Bahnsteig begrüßt
Wir sehen wie man sich auf dem Bahnsteig verabschiedet
Wir können wegsehen
Wir sehen wie ein Kind langsam einschläft
Wir sehen eine öffentliche Hinrichtung
Wir sehen wie Rudi Völler in eine Abseitsfalle läuft
Wir sehen den Präsidenten nach einer Operation
Wir sehen Astronauten auf Flugzeugträgern
Wir sehen Schweißtropfen auf der Oberlippe eines Funktionärs
Wir haben Augen im Kopf
Wir sehen wie Kinder in eine Gaskammer stolpern
Wir sehen mit einem Opernglas La Traviata

Ich habe Menschen gesehen
Aufgeregte mit beschlagenen Brillengläsern
Denen ihr ganzes Wissen zertreten wurde
Erasmus von Rotterdam und die Biologie
Weil sie sich nicht ausdrücken konnten
Mit zitternden Händen
Wir sehen uns vor
Wir sehen uns um
Wir sehen durch jemanden hindurch
Wir sehen das Ganze
Wir sehen das Ganze als Einheit
Wir sehen die Teile als Ganzes
Wir sehen die Teile nur im Zusammenhang mit dem Ganzen
Wir sehen das alles von einer anderen Warte aus
Wir sehen es als Prozeß
Wir sehen es als Prozeß der sich ständig abbaut und ständig aufbaut

Wir sehen es als gegeben
Wir sehen es als gegebenes Ganzes im Zusammenhang mit einem Gänzlichen Ganzen
Wir sehen es philosophisch

Seht welch ein Mensch

Ich habe Menschen gesehen
Die auf dem Boden ihre Schreibunterlagen suchten
Zu Hause alles genau überlegt
Und nun keinen Zusammenhang mehr fanden
Sich immer wieder zusammensetzten
Sich auseinandernahmen und sich wieder zusammensetzten
Und um einen Moment baten   Einen Moment bitte
Große Menschen
Die wenn sie aufstanden noch größer wurden
Nicht durch die Tür gingen
Und doch nach drei Worten geschlagen waren
Wie sie zu leise sprachen
Es nicht aushalten konnten und weggingen

Seht welch ein Mensch

Wir sehen es nicht so schwarz
Wir sehen es mehr grau in grau
Wir sehen es schwarz-weiß
Wir sehen es mehr rosa
Wir haben ja Augen im Kopf
Wir können mit den Augen sehen
Wir können unsere Augen schließen
Wir wollen nichts mehr sehen
Wir können nichts mehr sehen
Wir können nicht mehr sehen daß man unsere Augen zudrückt
Wir brauchen nun nicht mehr zu sehen was andere dann sehen

Wir sehen dann etwas anderes was die anderen noch nicht sehen

Seht welch ein Mensch

Ich habe Menschen gesehen
Wenn sie ihr Gehirn durchwühlten
Fanden sie keinen gültigen Ausweis
Nahmen ihre Mäntel und krochen durch die Straßen
Bis sie verrosteten
In Bahnhofshallen auf Zeitungen saßen
Abgeschlagen und weit hinten
Die auf Züge sprangen den SPIEGEL im Kopf
Die ZEIT unterm Arm und KONKRET sagten
Daß es konkret gesehen konkret doch wohl so sei

Freunde vielleicht können wir uns eine Schnittmuster-
Chirurgie erfinden
Und schneiden uns selbst so aus daß wir passen
Schneiden uns Beine und Finger zurecht
Und sind so entstellt und verschlüsselt
Als Probe Mensch   Liebling der ganzen Nation

Seht welch ein Mensch

Heiliger Busen   Heiliger Bauch
Heilig heilig die Arbeitslosen zuhauf
Heilig die Schwätzer   Heilig die Ketzer
Heilig alles was da schon marschiert
Heilig alles

Bis es dann passiert
Wir werden es ja sehen
Ihr werdet es ja sehen
Wir werden es ja sehen

DER SINN DES LEBENS

Er kommt schon in die Welt, nur Geduld, nur Geduld, er kommt schon in die Welt. Der Sinn, der Sinn des Lebens, ich würde sagen... Eines Tages, eines lichten Tages ist er da. An einem grünen Montag oder an einem himmelblauen Mittwoch oder aber an einem mattsilbernen Samstag, was sage ich, ein strohgelber Sonntag könnte es auch sein, dann kommt er... Wir brauchen gar nicht so nervös mit den Fußspitzen zu wippen, der Sinn des Lebens kommt, sagen wir... wie eine Libelle an einem dunkelbraunen Donnerstag um 14 Uhr, nein? Zu früh? Nun, dann vielleicht gegen 17 Uhr 30, vielleicht aber auch in Gestalt eines alten Bettlers, es kommt ja vieles heute in Gestalt oder in Gestalt eines armen Schusters oder in Gestalt eines weitgefahrenen Kapitäns mit weißem Bart, gleichviel... oder auch unsichtbar, fällt mir gerade ein, meine Damen und Herrn, unsichtbar, wie wäre es damit, auf einmal steht es neben dir, pardon, steht er neben dir, der Sinn des Lebens auf Zehenspitzen und gibt uns ein Zeichen, vielleicht fällt eine Sammeltasse aus dem Schrank, zerschellt am Boden... nein, das glaub ich nicht, das macht er nicht, der Sinn, das wäre ja Leichtsinn, Unsinn, nein der Sinn des Lebens!... Vielleicht flötet er uns etwas ins Ohr... wie eine Lerche, spielerisch, tänzerisch, duftig, luftig, tra lala la!! Nein! Der Sinn des Lebens, was wollen wir lange um den heißen Brei schleichen, kommt wie ein Löwe, bildlich, er kommt und sagt: ...Sie müssen sich das so vorstellen, meine Damen und Herrn, er kommt aus dem Flur um die Ecke, direkt ins Wohnzimmer und sagt: Bin ich hier richtig bei Lehmanns? Da aber vor lauter Angst niemand antwortet, geht er wieder, der Sinn des Lebens in Gestalt eines Löwen. Bildlich. Aber sollte das

wirklich schon der Sinn sein, ich kann's nicht ganz glauben. Kehren wir doch noch einmal zur Libelle zurück, die Libelle erscheint, was hatten wir gesagt, an einem dunkelbraunen Donnerstag gegen 17 Uhr 30, die Libelle scheint mir nämlich das typische Sinnbild zu sein, Raubinsekt, jagt andere Insekten im Flug, stürzt sich auf arme Seelen, saugt sie aus und legt den Rest vor die Haustür des Nachbarn, nein, das wollen wir nicht, einen solchen Sinn wollen wir nicht, wir wollen einen anständigen Sinn, einen richtigen Sinn, einen anmutigen, von mir aus auch einen aufopfernden Sinn, also einen richtigen, einen sinnvollen Sinn, so sagt man ja auch immer, das Ganze muß für mich einen Sinn haben, oder ich kann das nicht als sehr sinnvoll bezeichnen oder manche stecken ja auch in irgendeine Sache irgendeinen Sinn hinein, damit eines Tages aus der Sache wieder ein Sinn herauskommt, mal als Tiefsinn, mal als Schwachsinn.
Aber erst muß ja mal der Sinn zu uns kommen, der Sinn des Lebens.
Nur Geduld, meine Damen und Herrn, nur Geduld, er kommt, der Sinn, er kommt,... ja wann, ja wann, ja das kann ich Ihnen leider nicht sagen, öh,... vielleicht kann ich's Ihnen morgen sagen oder übermorgen, oder vielleicht können Sie mir's sagen, morgen oder übermorgen, dann werden wir's alle wissen, ganz bestimmt...

Nur Geduld, er kommt, der Sinn, entweder in Gestalt eines armen Schusters oder in Gestalt eines weitgefahrenen Kapitäns, jedenfalls... sehn Sie mal... ich würde sagen... Gute Nacht.

DAS KREUZ WIE EINE KRONE TRAGEN

ES IST DEM MENSCHEN BEIGEGEBEN
Die Schöpfungsgeschichte – 1. Mose 1
Jesu Taufe – Markus 1, 9–11 und Matthäus 4, 1–10
Liebt eure Feinde – Vom Vergelten –
Matthäus 5, 39–42, 44; 7,12
WENN DIE KRIEGER KOMMEN
Wer sich selbst erhöht – Lukas 14, 7–11
Der Junge aus Nain – Lukas 7, 11–17
Kindersegnung – Matthäus 19, 13–14
DIES IST MEINE GESCHICHTE
Die Salbung von Betanien – Lukas 7, 36–50
Jüngerinnen Jesu – Lukas 8, 1–3
Die Stillung des Sturms –Lukas 8, 22–25
Die Speisung der 5000 – Lukas 9, 10–17
BEDENKT – SOLLEN WIR SIE LIEBEN, DIESE WELT?
Alles ist eitel – Prediger 1–3
Die Passionsgeschichte Jesu – Matthäus 27
Begegnung mit Jesus – Matthäus 28
UND WER VON UNS KANN SCHON SAGEN:
ICH HABE DEN HERRN GESEHEN
Ich sehe ein Land mit neuen Bäumen
Seligpreisungen – Matthäus 5, 1–16
Was machen wir hinterher?

4

MEINE BIBEL

Das Kreuz wie eine Krone tragen, sagt Chrysostomus. Das Geheimnis der Liebe ist größer als das Geheimnis des Todes, schrieben mir – in persönlich schwerer Zeit – meine Freundinnen Mater Emiliana und Mater Marcella von den Ursulinen in Königstein.

Es ist dem Menschen beigegeben
ein kleines Stück von einem großen Leben
das sich vollzieht ohn' Unterschied
Ob Bettler oder hohes Tier
von einer Handvoll Erde sind wir alle hier
Bis Gras wächst über dieses Lied
Wollt darum freundlich sein und Euch mit Heiterkeit versehen
Es hat der Mensch zu kommen und zu gehen
Dieses ist ausgemacht von Anfang an
mit Hochmut ist nicht viel getan
Es ist dem Menschen aufgegeben
mit Güte Gutes zu erstreben
ohn Unterlaß
Auch soll er das was nötig ist zum Leben
mit allen teilen
und aller Kreatur zu Hilfe eilen
bis Blumen wachsen aus dem Gras
Wollt darum gnädig sein und nicht mit Hohn verachten
die nichts auf dieser Welt zustande brachten
Wenn es bestimmt daß wir gen Himmel reisen
dann ist mit Reichtum nichts mehr zu beweisen
Es wird dem Menschen nachgegeben

wenn er bereut und ändert sein bisherig' Leben
Der Tanz ist tot
der Mensch kehrt heim zu Tisch und Brot
der Rausch verfliegt die Demut siegt
die Masken sind gefallen
Doch größer wär des Menschen Not
wär nicht ein Gott der milde mit uns allen.

Am Anfang schuf Gott Himmel und Erde, und die Erde war wüst und leer und es war finster aus der Tiefe und der Geist Gottes schwebte auf dem Wasser und Gott sprach: Es werde Licht. Und es ward Licht. Und Gott sah, daß das Licht gut war. Da schied Gott das Licht von der Finsternis und nannte das Licht Tag und die Finsternis Nacht.

Da ward aus Abend und Morgen der erste Tag. Und Gott sprach: Es werde eine Feste zwischen den Wassern, die da scheide zwischen den Wassern. Da machte Gott die Feste und schied das Wasser unter der Feste von dem Wasser über der Feste. Und es geschah so. Und Gott nannte die Feste Himmel.

Da ward aus Abend und Morgen der zweite Tag. Und Gott sprach: Es sammle sich das Wasser unter dem Himmel an besondere Orte, daß man das Trockene sehe. Und es geschah so. Und Gott nannte das Trockene Erde und die Sammlung der Wasser nannte er Meer. Und Gott sah, daß es gut war. Und Gott sprach: Es lasse die Erde aufgehen Gras und Kraut, das Samen bringe und fruchtbare Bäume auf Erden, die ein jeder nach seiner Art Früchte tragen, in denen ihr Same ist. Und es geschah so. Und die Erde ließ aufgehen Gras und Kraut, das Samen bringt, ein jedes nach seiner Art, und Bäume, die da Früchte tragen, in denen ihr Same ist, ein jeder nach seiner Art. Und Gott sah, daß es gut war.

Da ward aus Abend und Morgen der dritte Tag. Und Gott sprach: Es werden Lichter an der Feste des Himmels, die dann scheiden Tag und Nacht und geben Zeichen, Zeiten, Tage und Jahre. Und seien Lichter an der Feste des Himmels, daß sie scheinen auf die Erde. Und es geschah so. Und Gott machte zwei große Lichter, ein großes Licht, das den Tag regiere und ein kleines Licht, das die Nacht regiere. Dazu die Sterne. Und Gott setzte sie an die Feste des Himmels, daß sie schienen auf die Erde und den Tag und die Nacht regierten und schieden Licht und Finsternis. Und Gott sah, daß es gut war.

Da ward aus Abend und Morgen der vierte Tag. Und Gott sprach, es wimmle das Wasser von lebendigem Getier, und Vögel sollen fliegen auf Erden unter der Feste des Himmels, und Gott schuf große Walfische und alles Getier, das da lebt und webt, davon das Wasser wimmelt, ein jedes nach seiner Art und alle gefiederten Vögel, einen jeden nach seiner Art. Und Gott sah, daß es gut war, und Gott segnete sie und sprach: Seid fruchtbar und mehret Euch und erfüllet das Wasser im Meer, und die Vögel sollen sich mehren auf Erden.

Da ward aus Abend und Morgen der fünfte Tag. Und Gott sprach: Die Erde bringe hervor lebendiges Getier, ein jedes nach seiner Art, Vieh, Gewürm und Tiere des Feldes, ein jedes nach seiner Art. Und es geschah so. Und Gott machte die Tiere des Feldes, ein jedes nach seiner Art, und das Vieh nach seiner Art und alles Gewürm des Erdbodens nach seiner Art. Und Gott sah, daß es gut war. Und Gott sprach: Lasset uns Menschen machen. Ein Bild, das uns gleich sei. Die da herrschen über die Fische im Meer und über die Vögel unter dem Himmel und über das Vieh und über alle Tiere des Feldes und über alles Gewürm, das auf Erden kriecht. Und Gott schuf den Menschen zu seinem Bilde. Zum Bilde Gottes schuf er ihn. Und schuf sie als

Mann und Weib. Und Gott segnete sie und sprach zu ihnen: Seid fruchtbar und mehret Euch, und füllet die Erde und machet sie Euch untertan, und herrschet über die Fische im Meer und über die Vögel unter dem Himmel, und über das Vieh und über alles Getier, das auf Erden kriecht. Und Gott sprach: Sehet, sehet, ich habe Euch gegeben alle Pflanzen, die Samen bringen auf der ganzen Erde und alle Bäume mit Früchten, die Samen bringen zu Eurer Speise. Aber allen Tieren auf Erden und allen Vögeln unter dem Himmel und allem Gewürm, das auf Erden lebt, habe ich alles grüne Kraut zur Nahrung gegeben. Und es geschah so. Und Gott sah alles an, was er gemacht hatte und siehe, es war sehr gut.

Da ward aus Abend und Morgen der sechste Tag. So wurden vollendet Himmel und Erde mit ihrem ganzen Heer.
Und so vollendete Gott am siebenten Tage seine Werke, die er machte und ruhte am siebenten Tage von allen seinen Werken, die er gemacht hatte. Und Gott segnete den siebenten Tag und heiligte ihn, weil er an ihm ruhte von allen seinen Werken, die Gott geschaffen und gemacht hatte. So sind Himmel und Erde geworden, als sie geschaffen wurden. Und es war zu der Zeit, da Gott der Herr Erde und Himmel machte, und alle die Sträucher auf dem Felde waren noch nicht auf Erden, und das Kraut auf dem Felde war noch nicht gewachsen, denn Gott der Herr hatte noch nicht regnen lassen auf Erden. Und kein Mensch war da, der das Land bebaute. Aber ein Nebel stieg von der Erde und feuchtete alles Land. Da machte Gott der Herr den Menschen aus Erde vom Acker und blies ihm den Odem des Lebens in seine Nase. Und so war der Mensch ein lebendiges Wesen. Und Gott der Herr pflanzte einen Garten in Eden gen Osten hin und setzte den Menschen hinein, den er gemacht hatte. Und

Gott der Herr ließ aufwachsen aus der Erde allerlei Bäume, verlockend anzusehen und gut zu essen. Und den Baum des Lebens mitten im Garten und den Baum der Erkenntnis des Guten und Bösen. Und Gott der Herr nahm den Menschen und setzte ihn in den Garten Eden, daß er ihn bebaute und bewahrte, und Gott der Herr gebot den Menschen und sprach: Du darfst essen von allen Bäumen im Garten, aber von dem Baum der Erkenntnis des Guten und Bösen sollst du nicht essen. Denn an dem Tage, da du von ihm ißest, mußt du des Todes sterben. Und Gott der Herr sprach: Es nicht nicht gut, daß der Mensch allein sei. Ich will ihm eine Gehilfin machen, die um ihn sei. Wörtlich: Ich will ihm eine Hilfe schaffen als sein Gegenüber. Das heißt: die zu ihm paßt.
Und Gott der Herr macht aus Erde all die Tiere auf dem Felde und all die Vögel unter dem Himmel und brachte sie zu dem Menschen, daß er sähe, wie er sie nennte. Denn wie der Mensch jedes Tier nennen würde, so sollte es heißen, und der Mensch gab einem jeden Vieh und Vogel unter dem Himmel und Tier auf dem Felde seinen Namen. Aber für den Menschen ward keine Gehilfin gefunden, die um ihn wäre. Da ließ Gott der Herr einen tiefen Schlaf fallen auf den Menschen, und er schlief ein. Und er nahm eine seiner Rippen und schloß die Stelle mit Fleisch. Und Gott der Herr baute ein Weib aus der Rippe, die er von dem Menschen nahm und brachte sie zu ihm. Da sprach der Mensch: Das ist doch Bein von meinem Bein und Fleisch von meinem Fleisch. Man wird sie Männin nennen, weil sie vom Manne gekommen ist. Darum wird ein Mann seinen Vater und seine Mutter verlassen und seinem Weibe anhangen. Und sie werden sein ein Fleisch. Und sie waren beide nackt, der Mensch und sein Weib. Und sie schämten sich nicht.
– Die Schöpfungsgeschichte

Es begab sich, als alles Volk sich taufen ließ und Jesus auch getauft worden war und betete,
da tat sich der Himmel auf und der Heilige Geist fuhr hernieder auf ihn
in leiblicher Gestalt wie eine Taube, und eine Stimme kam aus dem Himmel: Du bist mein lieber Sohn. An Dir habe ich Wohlgefallen.
Jesus aber, voll Heiligen Geistes, kam zurück vom Jordan und wurde vom Geist in die Wüste geführt. Und vierzig Tage lang von dem Teufel versucht. Und er aß nichts in diesen Tagen. Und als sie ein Ende hatten, hungerte ihn. Der Teufel aber sprach zu ihm: Bist Du Gottes Sohn, so sprich zu diesem Stein, daß er Brot werde. Und Jesus antwortete ihm: Es steht geschrieben, der Mensch lebt nicht allein vom Brot. Und der Teufel führte ihn hoch hinauf und zeigt ihm alle Reiche der Welt in einem Augenblick und sprach zu ihm: Alle diese Macht will ich Dir geben und ihre Herrlichkeit, denn sie ist mir übergeben und ich gebe sie, wem ich will. Wenn Du mich nun anbetest, so soll diese ganz Dein sein. Und Jesus antwortete ihm und sprach: Es steht geschrieben, Du sollst den Herrn, Deinen Gott anbeten und ihm allein dienen.

Aber ich sage euch, die ihr zuhört: Liebt Eure Feinde. Tut wohl denen, die Euch hassen. Segnet, die Euch verfluchen. Bittet für die, die Euch beleidigen. Und wer Dich auf die eine Backe schlägt, dem biete die andere auch dar. Und wer Dir den Mantel nimmt, dem verweigere auch den Rock nicht. Wer Dich bittet, dem gib. Und wer Dir das Deine nimmt, von dem fordere es nicht zurück. Und wie Ihr wollt, daß Euch die Leute tun sollen, so tut ihnen auch.
– Jesu Wirken zu Beginn

**Wenn die Krieger kommen,
Lock sie aufs Dach der Taube.
Lock sie ins Nest der Schwalbe.
Lock sie in die Höhle der Löwen.
Lock sie in den Wald der Rehe.
Geh ihnen entgegen mit offenen Händen,
Voll Brot und Salz, Obst und Wein,
Daß sie sich verlaufen im Knüppelholz
Deiner Tugenden. Daß sie sich verirren im
Labyrinth Deiner Freundlichkeit.
Mach sie Staunen,
Beschäm ihre Generäle und Präsidenten,
Laß ihre Handlanger ins Leere laufen.
Sei eine Tiefebene voll Höflichkeit.
Dein Gewehr sei die Klugheit.
Deine Kraft sei die Geduld.
Deine Geschichte sei die Liebe.
Dein Sieg sei Dein Schweigen.
So daß sich die Landpfleger sehr verwundern.**

Er sagte aber ein Gleichnis zu den Gästen, als er merkte, wie sie suchten, oben anzusitzen und sprach zu ihnen: Wenn Du von jemandem zur Hochzeit geladen bist, so setze Dich nicht obenan, denn es könnte einer eingeladen sein, der vornehmer ist als Du. Und dann kommt der, der Dich und ihn eingeladen hat und sagt zu Dir: Weiche diesem! Und du mußt dann beschämt unten ansitzen. Sondern, wenn Du eingeladen bist, so gehe hin und setze Dich unten an, damit, wenn der kommt, der Dich eingeladen hat, er zu Dir sagt: Freund, rücke hinauf. Dann wirst du Ehre haben vor allen, die mit Dir zu Tisch sitzen. Denn wer sich selbst erhöht, der soll erniedrigt werden, und wer sich selbst erniedrigt, der soll erhöht werden.

Und es begab sich danach, daß er in eine Stadt mit Namen Nain ging und seine Jünger gingen mit ihm, eine große Menge. Als er aber nahe an das Stadttor kam, siehe, da trug man einen Toten heraus, der der einzige Sohn seiner Mutter war, und sie war eine Witwe. Und eine große Menge aus der Stadt ging mit ihr. Und als sie der Herr sah, jammerte sie ihn und er sprach zu ihr: Weine nicht. Und trat hinzu und berührte den Sarg, und die Träger blieben stehen und er sprach: Jüngling, ich sage Dir: Steh auf! Und der Tote richtete sich auf und fing an zu reden. Und Jesus gab ihn seiner Mutter. Und Furcht ergriff sie alle. Und sie priesen Gott und sprachen: Es ist ein großer Prophet unter uns aufgestanden und Gott hat sein Volk besucht. Und diese Kunde von ihm erscholl in ganz Judäa und im ganzen umliegenden Land.

Sie brachten auch kleine Kinder zu ihm, damit er sie anrühren sollte. Als das aber die Jünger sahen, fuhren sie ihn an. Aber Jesus rief sie zu sich und sprach: Laßet die Kinder zu mir kommen und wehret ihnen nicht, denn solchen gehört das Reich Gottes. Wahrlich, ich sage Euch: Wer nicht das Reich Gottes annimmt wie ein Kind, der wird nicht hineinkommen. –
Jesus und die Kinder

Dies ist meine Geschichte.
Die Geschichte von den Kindern, die ausziehen
Und um Frieden bitten. Um Frieden auf ihre Art,
Denn sie freuen sich, worüber wir uns nicht mehr
Freuen. Die Kinder ziehen aus mit Zweigen und
Schildern und Bilderbüchern und sie singen
Ihre Welt in unsere Welt und sie singen und sie
Winken, daß sie kein Mensch übersieht, überhört,
Unterschätzt.

Ihre Welt ist nicht unsere Welt.
Und ihr Geld ist nicht unser Geld.
Ihr Spiel ein Kinderspiel.
Ihr Mund ein Kindermund.
Ihr Herz ein Kinderherz.
Ihr Land ein Kinderland.
Ihr Schmerz ein großer Schmerz.
Ihr Sand ein großes Reich.
Ihr Ohr ein großes Tor.
Das ist meine Geschichte.
Die Kinder ziehen aus, damit wir sie besser im
Auge behalten, wenn sie lachen, wenn sie weinen
Auf dieser bösen weiten Welt.
Kinder aus Nagasaki, gelb wie Nikotin;
Kinder aus Liverpool, deren Eltern aus Wien;
Kinder aus Winterthur, groß nur wie drei Käse;
Kinder aus Istanbul und danach ein Chinese;
Kinder aus Sao Paulo, auf den Plantagen geboren;
Kinder aus Leningrad, Köpfchen kahlgeschoren;
Kinder aus Albuquerque, indianisches Blut;
Kinder aus Halberstadt, deutsches Gedankengut;
Kinder mit nackten Füßen und einer Handvoll Brot,
Singen, winken und grüßen Kinder in schwarz
Und in rot.
Eskimos kommen mit Schnee,
Stapfen verspielt herum wie ein Bild von Paul Klee;
Kinder aus Hilversum.
Neben mir spricht man mongolisch,
Kinder aus Nazareth, Augen sehr melancholisch,
Haben kein Dach und kein Bett, haben nur
Kindergeld. Bitten, daß man sie hört,
Daß man ihr Bild von der Welt nicht zerstört.
Denn ich höre die Kinder vor dem Einschlafen
Sagen,
Die Wolken sind der Fußboden des lieben Gottes.
Das ist meine Geschichte.

Es bat ihn aber einer der Pharisäer, bei ihm zu essen. Und er ging hinein in das Haus des Pharisäers und setzte sich zu Tisch. Und siehe, eine Frau war in der Stadt, die war eine Sünderin. Als sie vernahm, daß er zu Tisch saß im Haus des Pharisäers, brachte sie ein Glas mit Salböl und trat von hinten zu seinen Füßen, weinte und fing an, seine Füße mit Tränen zu benetzen und mit den Haaren ihres Hauptes zu trocknen und küßte seine Füße und salbte sie mit Salböl. Als aber das der Pharisäer sah, der ihn eingeladen hatte, sprach er bei sich selbst und sagte: Wenn dieser ein Prophet wäre, so wüßte er, wer und was für eine Frau das ist, die ihn anrührt, denn sie ist eine Sünderin. Jesus antwortete und sprach zu ihm: Simon, ich habe Dir etwas zu sagen. Er aber sprach: Meister, sag es. – Ein Gläubiger hatte zwei Schuldner. Einer war fünfhundert Silbergroschen schuldig, der andere fünfzig. Da sie aber nicht bezahlen konnten, schenkte er es beiden. Wer von ihnen wird ihn am meisten lieben? Simon antwortete und sprach: Ich denke, der, dem er am meisten geschenkt hat. Er aber sprach zu ihm: Du hast recht geurteilt. Und er wandte sich zu der Frau und sprach zu Simon: Siehst Du diese Frau? Ich bin in Dein Haus gekommen. Du hast mir kein Wasser für meine Füße gegeben. Diese aber hat meine Füße mit Tränen benetzt und mit ihren Haaren getrocknet. Du hast mir keinen Kuß gegeben. Diese aber hat, seit ich hereingekommen bin, nicht abgelassen, meine Füße zu küssen. Du hast mein Haupt nicht mit Öl gesalbt, sie aber hat meine Füße mit Salböl gesalbt. Deshalb sage ich Dir, ihre vielen Sünden sind vergeben, denn sie hat viel Liebe gezeigt. Wem aber wenig vergeben wird, der liebt wenig.

Und er sprach zu ihr: Dir sind deine Sünden vergeben. Da fingen die an, die mit zu Tisch saßen und sprachen bei sich selbst: Wer ist dieser, der auch die Sünden vergibt? Er aber sprach zu der Frau: Dein Glaube hat Dir geholfen. Geh hin in Frieden. –

Und es begab sich danach, daß er durch Städte und Dörfer zog und predigte, und verkündigte das Evangelium vom Reich Gottes und die Zwölf waren mit ihm. Dazu einige Frauen, die er gesund gemacht hatte von bösen Geistern und Krankheiten nämlich Maria, genannt Magdalena, von der sieben böse Geister ausgefahren waren, und Johanna, die Frau des Chuzas, eines Verwalters des Herodes und Susanna und viele andere, die ihm dienten mit ihrer Habe.

Und es begab sich an einem der Tage, daß er in ein Boot stieg mit seinen Jüngern und er sprach zu ihnen: Laßt uns über den See fahren. Und sie stießen vom Land ab, und als sie fuhren, schlief er ein. Und es kam ein Wirbelwind über den See und die Wellen überfielen sie, und sie waren in großer Gefahr. Da traten sie zu ihm und weckten ihn auf und
sprachen: Meister, Meister, wir kommen um. Da stand er auf und bedrohte den Wind und die Wogen des Wassers und sie legten sich und es entstand eine Stille. Er aber sprach zu ihnen: Wo ist Euer Glaube? Sie aber fürchteten sich und verwunderten sich und sprachen zueinander: Wer ist dieser? Auch dem Wind dem Wasser gebietet er. Und sie sind ihm gehorsam. –

Und die Apostel kamen zurück und erzählten Jesus, wie große Dinge sie getan hatten. Und er nahm sie zu sich und er zog sich mit ihnen allein in die Stadt zurück, die heißt Bethsaida. Als die Menge das merkte, zog sie ihm nach, und er rief sie zu sich und sprach zu ihnen vom Reich Gottes und machte gesund, die der Heilung bedurften. Aber der Tag fing an, sich zu neigen. Da traten die Zwölf zu ihm und sprachen: Laß das Volk gehen, damit sie hingehen in die Dörfer und Höfe ringsum und Herberge und Essen finden, denn wir sind hier in der Wüste. Er aber sprachen zu ihnen: Gebt Ihr ihnen zu essen! Sie sprachen: Wir haben nicht mehr als fünf Brote und zwei Fische, es sei denn, daß wir hingehen sollen und für alle diese Leute Essen einkaufen. Denn es waren etwa fünftausend Mann. Er sprach aber zu seinen Jüngern: Laßt sie sich setzen in Gruppen zu je fünfzig. Und sie taten das und ließen alle sich setzen. Da nahm er die fünf Brote und zwei Fische und sah auf zum Himmel und dankte. Brach sie und gab sie den Jüngern, damit sie dem Volk austeilten. Und sie aßen und wurden alle satt. Und es wurde aufgesammelt, was sie an Brocken übrigließen. Zwölf Körbe voll. – *Aus Jesu Leben*

Bedenkt, daß jetzt um diese Zeit, der Mond die Stadt erreicht.
Für eine kleine Ewigkeit sein Milchgebiß uns zeigt.
Bedenkt, daß hinter ihm ein Himmel ist,
den man nicht definieren kann.
Vielleicht kommt jetzt um diese Zeit
ein Mensch dort oben an.
Und umgekehrt wird jetzt vielleicht
ein Träumer in die Welt gesetzt.
Und manche Mutter hat erfahren,
daß ihre Kinder nicht die besten waren.
Bedenkt auch, daß ihr Wasser habt und Brot,
daß Unglück auf der Straße droht,
für die, die weder Tisch noch Stühle haben
und mit der Not die Tugend auch begraben.
Bedenkt, daß mancher sich betrinkt,
weil ihm das Leben nicht gelingt,
daß mancher lacht, weil er nicht weinen kann.
Dem einen sieht man's an, dem andern nicht.
Bedenkt, wie schnell man oft ein Urteil spricht.

Und daß gefoltert wird, das sollt ihr auch
bedenken.
Gewiß ein heißes Eisen, ich wollte niemand kränken,
doch werden Bajonette jetzt gezählt und wenn eins
fehlt, es könnte einen Menschen retten,
der jetzt um diese Zeit in eurer Mitte sitzt,
von Gleichgesinnten noch geschützt.
Wenn ihr dies alles wollt bedenken,
dann will ich gern den Hut, den ich nicht habe,
schwenken.
Die Frage ist, die Frage ist,
sollen wir sie lieben, diese Welt?
Sollen wir sie lieben?
Ich möchte sagen, wir wollen es üben.

Es ist alles ganz eitel, sprach der Prediger, es ist alles ganz eitel. Was hat der Mensch für Gewinn von all seiner Mühe, die er hat unter der Sonne. Ein Geschlecht vergeht, das andere kommt. Die Erde aber bleibt immer bestehen. Die Sonne geht auf und geht unter, läuft an ihren Ort, daß sie dort wieder aufgehe. Der Wind geht nach Süden, dreht sich nach Norden und wieder herum, an den Ort, wo er anfing. Alle Wasser laufen ins Meer, doch wird das Meer nicht voller. An den Ort, dahin sie fließen, fließen sie immer wieder. Alles Reden ist so voll Mühe, daß niemand zu Ende kommt. Das Auge sieht sich niemals satt und das Ohr hört sich niemals satt. Das Geschehen ist eben, das wird hernach sein, das man getan hat, eben das tut man hernach wieder. Nichts Neues unter der Sonne. Geschieht etwas, von dem man sagen könnte: Sieh, das ist neu. Es ist längst vorher auch geschehen, in den Zeiten, die vor uns gewesen sind. Man gedenkt derer nicht, die früher gewesen sind und derer, die hernach kommen. Man wird auch ihrer nicht gedenken, bei denen, die noch später sein werden.

Ich, der Prediger,
war König über Israel zu Jerusalem. Und ich tat große Dinge: Ich baute mir Häuser; ich pflanzte mir Weinberge; ich machte mir Gärten und Lustgärten und pflanzte allerlei fruchtbare Bäume hinein; ich machte mir Teiche, daraus zu bewässern den Wald der grünenden Bäume; ich erwarb mir Knechte und Mägde und hatte auch Gesinde, im Haus geboren; ich hatte eine größere Habe an Rindern und Schafen als alle, die vor mir zu Jerusalem waren. Ich sammelte mir auch Silber und Gold und was König und Länder besitzen; ich beschaffte mir Sänger und Sängerinnen und die Wonne der Menschen, Frauen in Menge und war größer als alle, die vor mir zu Jerusalem waren. Auch da blieb meine Weisheit bei mir. Und alles, was meine Augen wünschten, das gab ich ihnen und verwehrte meinem Herzen keine Freude, so daß es fröhlich war von aller meiner Mühe. Und es war mein Teil von meiner Mühe.
Als ich aber sah, alle meine Werke, die meine Hand getan hatten und die Mühe, die ich gehabt hatte, siehe, da war es alles eitel. Und Haschen nach Wind. Und kein Gewinn unter der Sonne. Da wandte ich mich zu betrachten die Weisheit und die Tollheit und Torheit, denn was wird der Mensch tun, der nach dem König kommen wird? Was man schon längst getan hat.
Da sah ich, daß die Weisheit die Torheit übertrifft wie das Licht die Finsternis. Daß der Weise seine Augen im Kopf hat, aber die Toren in der Finsternis gehen. Und ich merkte doch, daß es dem einen geht wie dem anderen. Doch dachte ich in meinem Herzen: Wenn es denn mir geht wie dem Toren, warum habe ich dann nach Weisheit getrachtet?
Da sprach ich in meinem Herzen: Auch das ist eitel. Denn man gedenkt des Weisen nicht immer, ebenso-

wenig wie des Toren. Und in künftigen Tagen ist alles vergessen. Wie stirbt doch der Weise samt dem Toren. Darum verdroß es mich zu leben, denn es war mir zuwider, was unter der Sonne geschieht, das alles eitel ist und Haschen nach Wind. Und mich verdroß alles. Und daß ich mich gemüht hatte unter der Sonne. Weil ich es einem Menschen lassen muß, der nach mir sein wird. Denn wer weiß, ob er weise oder töricht sein wird? Und soll doch herrschen über alles, was ich mit Mühe und Weisheit geschafft habe unter der Sonne. Das ist auch eitel. Da wandte ich mich dahin, daß ich mein Herz verzweifeln ließ an allem um das ich mich mühte unter der Sonne. Denn es muß ein Mensch sein, der seine Arbeit mit Weisheit, Verstand und Geschicklichkeit mühsam getan hat, es einem andern zum Erbteil überlassen, der sich nicht darum gemüht hat. Das ist doch eitel und ein großes Unglück. Denn was kriegt der Mensch von aller seiner Mühe und dem Streben seines Herzens, womit er sich abmüht unter der Sonne? Alle seine Tage sind voller Schmerzen und voll Kummer ist sein Mühen, das auch sein Herz des Nachts nicht Ruhe findet. Das ist auch eitel. Ist es nun nicht besser für den Menschen, daß er esse und trinke und seine Seele guter Dinge sei bei seinen Mühen? Doch dies sah ich auch, daß es von Gottes Hand kommt. Denn wer kann fröhlich essen und genießen ohne ihn? Denn dem Menschen, der ihm gefällt, gibt er Weisheit, Verstand und Freude. Aber dem Sünder gibt er Mühe, daß er sammle und häufe und es doch dem gegeben werde, der Gott gefällt. Auch das ist eitel und Haschen nach Wind.
Ein jegliches hat seine Zeit und alles Vorhaben unter dem Himmel hat seine Stunde. Geboren werden hat seine Zeit, Sterben hat seine Zeit, Pflanzen hat seine Zeit, Ausreißen, was gepflanzt ist, hat seine Zeit, Töten hat seine Zeit, Heilen hat seine Zeit, Abbrechen hat

seine Zeit, Bauen hat seine Zeit, Weinen hat seine Zeit, Lachen hat seine Zeit, Klagen hat seine Zeit, Tanzen hat seine Zeit, Steine wegwerfen hat seine Zeit, Steine sammeln hat seine Zeit, Herzen hat seine Zeit, Aufhören zu herzen hat seine Zeit, Suchen hat seine Zeit, Verlieren hat seine Zeit, Behalten hat seine Zeit, Wegwerfen hat seine Zeit, Zerreißen hat seine Zeit, Zunähen hat seine Zeit, Schweigen hat seine Zeit, Reden hat seine Zeit, Lieben hat seine Zeit, Hassen hat seine Zeit, Streit hat seine Zeit, Friede hat seine Zeit.
Man mühe sich ab, wie man will, so hat man keinen Gewinn davon. Ich sah die Arbeit, die Gott den Menschen gegeben hat, daß sie sich damit plagen. Er hat alles schön gemacht zu seiner Zeit, auch hat die Ewigkeit in ihr Herz gelegt, nur daß der Mensch nicht ergründen kann das Werk, das Gott tut – weder Anfang noch Ende. Da merkte ich, daß es nichts besseres dabei gibt, als fröhlich sein und sich gütlich tun in seinem Leben. Denn ein Mensch, der da ißt und trinkt und hat guten Mut bei all seinen Mühen, das ist eine Gabe Gottes. Und ich merkte, daß alles, was Gott tut, das besteht für ewig. Man kann nichts dazutun, noch wegtun. Das alles tut Gott. Daß man sich vor ihm fürchten soll. Was geschieht, das ist schon längst gewesen. Und was sein wird, ist auch schon längst gewesen. Und Gott holt wieder hervor, was vergangen ist. – *Der Prediger Salomo*

Und sie banden ihn und führten ihn ab und überantworteten ihn dem Statthalter Pilatus. Als Judas, der ihn verraten hatte, sah, daß er zum Tode verurteilt war, reute es ihn. Und er brachte die dreißig Silberlinge den Hohepriestern und Ältesten zurück und sprach: Ich habe unrecht getan, daß ich unschuldiges Blut verraten habe. Sie aber sprachen: Was geht uns das an? Da, sieh Du zu.
Und er warf die Silberlinge in den Tempel und ging fort und erhängte sich. Jesus aber stand vor dem Statthalter und der Statthalter fragte ihn und sprach: Bist Du der König der Juden? Jesus aber sprach: Du sagst es. Und als er von den Hohepriestern und den Ältesten verklagt wurde, antwortete er nichts. Da sprach Pilatus zu ihm: Hörst du nicht, wie hart sie Dich verklagen? Und er antwortete ihnen nicht auf ein einziges Wort, so daß sich der Statthalter sehr verwunderte. Zum Fest aber hatte der Statthalter die Gewohnheit, dem Volk einen Gefangenen loszugeben, welchen sie wollten. Sie hatten aber zu dieser Zeit einen berüchtigten Gefangenen, der hieß Jesus Barabas. Und als sie versammelt waren, sprach Pilatus zu ihnen: Welchen wollt ihr? Wen soll ich Euch losgeben? Jesus Barabas oder Jesus, von dem gesagt werde, er sei der Christus. Denn er wußte, daß sie ihn aus Neid überantwortet hatten. Und als er auf dem Richterstuhl saß, schickte seine Frau zu ihm und ließ ihm sagen: Habe Du nichts zu schaffen mit diesem Gerechten, denn ich habe heute viel erlitten im Traum um seinetwillen. Aber die Hohepriester und Ältesten überredeten das Volk, daß sie um Barabas bitten, Jesus aber umbringen sollten. Da fing der Statthalter an und sprach zu ihnen: Welchen wollt Ihr? Wen von den beiden soll ich euch losgeben? Sie sprachen: Barabas! Pilatus sprach zu ihnen: Was soll ich denn machen mit Jesus, von dem gesagt

wird, er sei der Christus? Und sie sprachen alle: Laß ihn kreuzigen. Er aber sagte: Was hat er denn Böses getan?
Sie schrien aber noch mehr: Laß ihn kreuzigen! Als aber Pilatus sah, daß er nichts ausrichtete, sondern das Getümmel immer größer wurde, nahm er Wasser und wusch sich die Hände vor dem Volk und sprach: Ich bin unschuldig an seinem Blut. Seht hier zu. Da antwortete das ganze Volk und sprach: Sein Blut komme über uns und unsere Kinder. Da gab er ihnen Barabas los, aber Jesus ließ er geißeln und überantwortete ihnen, daß er gekreuzigt werde. Da nahmen die Soldaten des Statthalters Jesus mit sich in das Prätorium und sammelten die ganze Abteilung um ihn. Und zogen ihn aus und legten ihm einen Purpurmantel an, und flochten eine Dornenkrone und setzen sie ihm aufs Haupt und gaben ihm ein Rohr in seine rechte Hand und beugten die Knie vor ihm und verspotteten ihn und sprachen: Gegrüßet seist Du, der Judenkönig. Und spien ihn an und nahmen das Rohr und schlugen damit sein Haupt. Und als sie ihn verspottet hatten, zogen sie ihm den Mantel aus und zogen ihm seine Kleider an und führten ihn ab, um ihn zu kreuzigen. Und als sie hinausgingen, fanden sie einen Menschen aus Cyrene mit Namen Simon, den zwangen sie, daß er ihm sein Kreuz trug. Und als sie an die Stätte kamen mit Namen Golgatha, das heißt Schädelstätte, gaben sie ihm Wein zu trinken, mit Galle vermischt. Und als er es schmeckte, wollte er nicht trinken. Als sie ihn aber gekreuzigt hatten, verteilten sie seine Kleider und warfen das Los darum. Und sie saßen da und bewachten ihn. Und oben, über sein Haupt, setzten sie eine Aufschrift mit der Ursache seines Todes: Dies ist Jesus, der Judenkönig. Und da wurden zwei Räuber mit ihm gekreuzigt, einer zur rechten und einer zur linken, die aber vorübergingen, lästerten ihn und schüttelten ihre

Köpfe und sprachen: Der du den Tempel abbrichst und baust ihn auf in drei Tagen, hilf Dir selber, wenn Du Gottes Sohn bist. Und steig herab vom Kreuz. Desgleichen spotteten auch die Hohepriester und die Schriftgelehrten und Ältesten und sprachen: Andern hat er geholfen und kann sich selber nicht helfen. Ist er der König von Israel? So steige er nur vom Kreuz herab. Dann wollen wir an ihn glauben. Er hat Gott vertraut. Der erlöse ihn nun, wenn er Gefallen an ihm hat. Denn er hat gesagt: Ich bin Gottes Sohn. Desgleichen schmähten ihn auch die Räuber, die mit ihm gekreuzigt waren. Und von der sechsten Stunde an kam eine Finsternis über das ganze Land bis zur neunten Stunde. Und um die neunte Stunde schrie Jesus laut: Eli, Eli lama asaphtani! Das heißt: Mein Gott, mein Gott, warum hast Du mich verlassen. Einige aber, die da standen, als sie das hörten, sprachen sie: Der ruft nach Elia. Und sogleich lief einer von ihnen, nahm einen Schwamm und füllte ihn mit Essig und steckte ihn auf ein Rohr und gab ihm zu trinken. Die anderen aber sprachen: Halt! Laß sehen, ob Elia komme und ihm helfe! Aber Jesus schrie abermals laut und verschied.
Und siehe, der Vorhang im Tempel zerriß in zwei Stücke von oben bis unten. Und die Erde erbebte, und die Felsen zerrissen, und die Gräber taten sich auf, und viele Leiber der entschlafenen Heiligen standen auf und gingen aus den Gräbern nach seiner Auferstehung und kamen in die Heilige Stadt und erschienen vielen. Als aber der Hauptmann und die mit ihm Jesus bewachten, das Erdbeben sahen und was da geschah, erschraken sie sehr und sprachen: Wahrlich, dieser ist Gottes Sohn gewesen.
Und es waren viele Frauen da, die von ferne zusahen, die waren Jesus aus Galiläa nachgefolgt und hatten ihm gedient. Unter ihnen war Maria von Magdala und

Maria, die Mutter des Jakobus, und Josef und die Mütter der Söhne des Zebedäus. Am Abend aber kam ein reicher Mann aus Arimathäa, der hieß Josef und war auch ein Jünger Jesu. Der ging zu Pilatus und bat um den Leib Jesu. Da befahl Pilatus, man sollte ihn ihm geben. Und Josef nahm den Leib und wickelte ihn in reines Leichentuch und legte ihn in sein eigenes neues Grab, das er in den Felsen hatte bauen lassen und wälzte einen großen Stein vor die Tür des Grabes und ging davon. Es waren aber dort Maria von Magdala und die andere Maria. Sie saßen dem Grab gegenüber. Am nächsten Tag, der auf den Rüsttag folgte, kamen die Hohepriester mit den Pharisäern zu Pilatus und sprachen: Herr, wir haben daran gedacht, daß dieser Verführer sprach, als er noch lebte: Ich will nach drei Tagen auferstehen. Darum befiehl, daß man das Grab bewacht bis zum dritten Tag, damit nicht seine Jünger kommen und ihn stehlen und zum Volk sagen: Er ist auferstanden von den Toten und der letzte Betrug ärger wird als der erste. Pilatus sprach zu ihnen: Da habt Ihr die Wache. Geht hin und bewacht es, so gut Ihr könnt. Sie gingen hin und sicherten das Grab mit der Wache und versiegelten den Stein.

Als aber der Sabbat vorüber war, und der erste Tag der Woche anbrach, kamen Maria von Magdala und die andere Maria, um nach dem Grab zu sehen. Und siehe, es geschah ein großes Erdbeben. Denn der Engel des Herrn kam vom Himmel herab, trat hinzu und wälzte den Stein weg und setzte sich darauf. Seine Gestalt war wie der Blitz. Und sein Gewand weiß wie der Schnee. Die Wachen aber erschraken aus Furcht vor ihm und taten, als wären sie tot. Aber der Engel sprach zu den Frauen: Fürchtet Euch nicht. Fürchtet Euch nicht. Ich weiß, daß Ihr Jesus den Gekreuzigten sucht. Er ist nicht hier. Er ist auferstanden, wie er ge-

sagt hat. Kommt her und seht die Stätte, wo er gelegen hat und geht eilends hin und sagt den Jüngern, daß er auferstanden ist von den Toten und siehe, er wird vor Euch hingehen nach Galiläa. Dort werdet Ihr ihn sehen. Siehe, ich habe es Euch gesagt.
Und sie gingen eilends weg vom Grab mit Furcht und großer Freude und liefen, um es seinen Jüngern zu verkündigen. Und siehe da, da begegnete ihnen Jesus und sprach: Seid gegrüßt. Und sie traten zu ihm und umfaßten seine Füße und fielen vor ihm nieder. Da sprach Jesus zu ihnen: Fürchtet Euch nicht. Geht hin und verkündet es meinen Brüdern, daß sie nach Galiläa gehen. Dort werden sie mich sehen.
Und die elf Jünger gingen nach Galiläa auf den Berg, wohin Jesus sie beschieden hatte. Und als sie ihn sahen, fielen sie vor ihm nieder. Einige aber zweifelten. Und Jesus trat dazu und sprach zu ihnen: Mir ist gegeben alle Gewalt im Himmel und auf Erden. Darum gehet hin und machet zu Jüngern alle Völker. Taufet sie auf den Namen des Vaters, des Sohnes und des Heiligen Geistes. Und lehret sie halten alles, was ich Euch befohlen habe. Und siehe, ich bin bei Euch alle Tage bis an der Welt Ende. *– Passion und Auferstehung Jesu*

Und wer von uns kann schon sagen, wie damals Maria von Magdala: Ich habe den Herrn gesehen.
Wer von uns kann so vermessen, so fromm oder trunken sein und kann damit durch die Welt gehen, jedermanns Haus betreten mit froher Zuversicht, ohne Furcht und mit freien Händen unter dem Himmel dahingehen. Wer von uns kann so kühn und lebendig allem begegnen, was im widerfährt und ist so verwandelt und losgelöst, weil er es weiß: Ich habe den Herrn gesehen.

Sehen wir denn nicht immer am Rande des Grabes zuerst nur den Gärtner und denken, er habe den Grabstein weggeholt und alles habe so seine Friedhofsordnung. Und sind dann gar nicht betroffen. Und gehen mit dem Weinen sehr sparsam um, weil wir das alles manchmal nicht glauben möchten, heute am Ende der Neuzeit. Und sind doch so sterblich wie ehedem. Herr verlasse uns nicht. Ja, Du bist auferstanden. Du hast das Grab und den Stein überwunden, aber geh nicht so wortlos davon. Ich habe den Herrn gesehen, möchten wir gerne sagen. Genau wie damals Maria von Magdala. Wir haben das leere Grab gesehen und der Stein war weg. Seht, welch ein Mensch, hat Pilatus gesagt. Ich kann keine Schuld an ihm finden. Und so gehen wir durch Mühe und Leid, durch Hoffnung und Tod, durch Anfang und Ende. Schuldlos und voller Schuld. Mit einem leeren Grab, aber der Stein ist hinweg. Du hast ihn, oh Herr, überwunden. Für uns aus dem Weg geräumt. Du bist durch ihn hindurchgegangen. Wolle mich nicht berühren, hast Du gesagt. Und Maria von Magdala, Sünderin einst, und später Büßerin in der Provence, sagt die Legende, hat uns die Nachricht gegeben: Ich habe den Herrn gesehen. Ruhiger denn je, gelassener denn je, und freier als alle Freiheit. Alle Großzügigkeit war in ihm versammelt, alle Liebe in ihm und so hat er uns verlassen – um Tag und Nacht bei uns zu sein. Ich habe den Herrn gesehen, möchten wir sagen. Seht, welch ein Mensch, so möchten wir sein. Fürchtet Euch nicht, die Tür steht offen. Der Stein ist verschwunden. Wir können mit Jesum, mit ihm in alles hinein, aus allem heraus, und durch alles hindurch gehen.
Und mit ihm all unsere Fragen beantworten.

**Ich sehe ein Land mit neuen Bäumen.
Ich sehe ein Haus aus grünem Strauch.
Und einen Fluß mit flinken Fischen und einen
Himmel aus Hortensien sehe ich auch.**

**Ich sehe ein Licht von Unschuld weiß.
Und einen Berg, der unberührt.
Im Tal des Friedens geht ein junger Schäfer,
der alle Tiere in die Freiheit führt. –**

**Ich hör ein Herz, das tapfer schlägt – in einem
Menschen, den es noch nicht gibt,
doch dessen Ankunft mich schon jetzt bewegt,
weil er erscheint und seine Feinde liebt.**

**Das ist die Zeit, die ich nicht mehr erlebe.
Das ist die Welt, die nicht von unserer Welt.
Sie ist aus feinstgesponnenem Gewebe
und Freunde, seht und glaubt: Sie hält.**

**Das ist das Land, nach dem ich mich so sehne,
das mir durch Kopf und Körper schwimmt.
Mein Sterbenswort und meine Lebenskantilene,
daß jeder jeden in die Arme nimmt.**

Als er aber das Volk sah, ging er auf einen Berg und setzte sich. Und seine Jünger traten zu ihm. Und er tat seinen Mund auf, lehrte sie und sprach: Selig sind, die da geistlich arm sind, denn ihrer ist das Himmelreich.
Selig sind, die da Leid tragen, denn sie sollen getröstet werden.
Selig sind die Sanftmütigen, denn sie werden das Erdreich besitzen.
Selig sind, die da hungert und dürstet nach der Gerechtigkeit, denn sie sollen satt werden.
Selig sind die Barmherzigen, denn sie werden Barmherzigkeit erlangen.
Selig sind, die reinen Herzens sind, denn sie werden Gott schauen. Selig die Friedfertigen, denn sie werden Gottes Kinder heißen.
Selig sind, die um der Gerechtigkeit willen verfolgt werden, denn ihrer ist das Himmelreich.
Selig seid Ihr, wenn Euch die Menschen um meinetwillen schmähen und verfolgen und reden allerlei Übles gegen Euch, wenn sie damit lügen. Seid fröhlich und getrost. Es wird Euch im Himmel reichlich belohnt werden. Denn ebenso haben sie verfolgt die Propheten, die vor Euch gewesen sind. Und ihr seid das Salz der Erde. Wenn nun das Salz nicht mehr Salz, womit soll man besitzen? Es ist zu nichts mehr nütze, als daß man es wegschüttet und läßt es von den Leuten zertreten. Ihr seid das Licht der Welt. Es kann die Stadt, die auf einem Berge liegt, nicht verborgen sein. Man zündet auch nicht ein Licht an und setzt es unter einen Scheffel, sondern auf einen Leuchter. So leuchtet es allen, die im Hause sind. So laßt Euer Licht leuchten vor den Leuten, damit sie Eure guten Werke sehen und Euren Vater im Himmel preisen.

Aus der Bergpredigt Jesu

Was machen wir hinterher? Was machen wir morgen? Wo trifft man uns im nächsten Jahr? Leben wir alleine? Haben wir Sorgen, oder haben wir keine? Ich bin zuversichtlich, denn Gott, der Herr, versöhnt mich mit den Dingen, die mir schwerfallen.
Sind wir vernünftig, oder sind wir in Not? Was tun wir gegen Haarausfall? Husten wir nicht ständig? Sind wir schon tot, oder sind wir noch lebendig?
Ich bin ohne Furcht, denn Gott, der Herr, versöhnt mich mit den Menschen, die mir fremd waren. –
Was machen wir hinterher? Trinken wir ein Bier? Sind wir gut versichert? Haben wir Kinder? Spielen wir Klavier? Oder sind wir Erfinder?
Ich bin zuversichtlich, denn Gott, der Herr, versöhnt mich mit dem Leben, das nicht leicht ist.
Sind wir labil? Oder sind wir wie die Ringer, und drücken gleich zu, in unseren vier Wänden, oder zählen wir unsere Finger, an unseren zwei Händen?
Ich bin ohne Furcht, denn Gott, der Herr, versöhnt mich mit den Feinden, die ich töten wollte.
Haben wir etwa Schulden? Nehmen wir Tabletten? Oder haben wir ein Vorbild aus der Geschichte? Leben wir in Ketten? Oder schreiben wir Gedichte?
Ich bin zuversichtlich, denn Gott, der Herr, versöhnt mich mit dem Tag, an dem ich gehen muß.
Was machen wir hinterher? Fahren wir weit weg? Oder gehen wir gleich nach Hause? Tanzen wir im Gebirge? Oder tauchen wir tief? Steigen wir ein oder steigen wir aus?
Ich bin ohne Furcht, denn Gott, der Herr, macht mich leicht, und versöhnt mich mit Himmel und Erde.

IM ZEICHEN DES FRIEDENS

5

IM ZEICHEN DES FRIEDENS

Dialog mit der Jugend

Wer einen Dialog
Herbeiführen will
Muß sich herablassen
Herabneigen
Von sich absehen
Sich zuwenden und zuneigen
Muß nicht besitzen wollen
Darf nicht besitzergreifend sein
Nur wenig Vorschriften machen
Besser keine
Gelegentlich vorsichtig Empfehlungen anbieten
Unsichtbar die Hand darüber halten
Unhörbar anders denken
Sich nicht als Erwachsener aufspielen
Fehler nicht gleich als Schande empfinden
Irrtümer gestatten
Dennoch das Recht haben sich Sorgen
Machen zu dürfen
Kummer aufspüren und teilen
Sich wechselseitig erziehen
Sich gegenseitig ernst nehmen
Zusammen essen und trinken
Die Fantasie fördern
Ungeduld creativieren
Aufbegehren durchhalten
Zusammen traurig sein
Nicht immer alles besser wissen
Am besten nichts besser wissen
Sondern trösten   Ratlosigkeit teilen
Wärme herstellen   Bindungen spüren lassen
Liebe

Wer einen Dialog mit der Jugend
Führen will
Muß all diese Anstrengungen
In besonderem Maße auf sich nehmen
Muß all diese Tugenden
Doppelt und dreifach handhaben
Mit der winzigen Hoffnung
Daß die Jugend mit der Jugend
Die unweigerlich nach ihr kommt
Ähnlich umgehen wird
Wer aber keinen Dialog
Mehr führen will
Und meint
Seine Generation wäre die einzige
Auf der Welt
Danach käme nichts mehr
Und davor wäre auch nichts gewesen
Dem ist anscheinend alle Würde des Menschen
Abhanden gekommen
In dem ist dann wohl kein langer Atem
Weder Furcht noch Fantasie
Der befiehlt nur noch
Verordnet kontrolliert
Erzieht drastisch
Kalt und ohne religio
Unpolitisch und ohne Bindung
Dies ist schon bei vielen der Fall
Und kann uns allen geschehen
Den Alten und den Jungen
Wenn wir nicht mehr miteinander reden
Streiten essen Pläne machen
Uns an die Hand nehmen   Uns umarmen
Lebe-Wesen die wir sind
Verloren die wir sind
Wenn wir uns nicht mehr umarmen können
Und Frieden machen

SEGEN FÜR VERSÖHNUNG

Im übrigen meine ich, daß Gott uns alle schützen möge auf unserem langen Weg zur Versöhnung mit allen Menschen und mit allen Völkern.
Er möge uns bewahren und pflegen mit seiner allumfassenden Güte. Er möge uns heilen und alle Krankheit von uns nehmen. All unsere Wunden an Leib und Seele, die wir uns ständig antun, möge er mit seiner einzigartigen Kraft in Zeichen der Reife und Weisheit verwandeln.
Er möge von seiner Heiterkeit ein Quentchen in uns hineinpflanzen, auf daß sie bei uns wachse, blühe und gedeihe, und wir unseren Alltag leichter bestehen.
Daß er uns bewahre vor jedem Hochmut und jeder Bitterkeit, und daß er uns fähig mache, weiterhin zu glauben an seine Welt, die nicht von unserer Welt ist, und daß wir nicht ersticken an allem Tand und eitlem Tun, darum bitten wir ihn von ganzem Herzen.
Er möge uns behüten vor aller Besserwisserei und uns beflügeln, Freiheit und Phantasie zu nutzen, um Feinde in Freunde zu verwandeln. Er lösche langsam in uns jedes Vorurteil, langsam, denn wir stecken bis über beide Ohren voll davon. Er schenke uns von seiner Vielfalt ein Stückchen Großmut und führe uns nicht in Haarspaltereien, Gedankenenge und Geistesnot. Er erhalte uns unseren Eigensinn, ihn nicht aus den Augen zu verlieren in unserer optischen Zeitspanne. Und wir bitten ihn, weiterhin unser Freund zu sein, der immer uns übrig bleibt, in aller Finsternis und Unvernunft, wenn wir schier an allem und an uns verzweifeln. Er sei mit uns, wenn wir unter den Verlierern sind, und gebe uns die Kraft zur Demut, die Kraft, am Ende aufzustehen für einen neuen Anfang. Wer anders könnte uns zu neuem Lachen führen, zu

neuer Hoffnung und Freude, immer wieder, nach tausenden von Jahren, als Gott der Herr, vor dessen Plan unsere Ideen kleine flüchtige Eintagsskizzen bleiben, vor dessen Zeit unser Leben ein winziger Atemhauch ist, vor dessen Wahrheit unsere Wirklichkeit ein einziger Irrtum ist, vor dessen Musik unsere Melodien und Akkorde bloßes Geklingel und Getue sind, vor dessen Sprache unsere Worte jeweils nur Versuche von Anfängen sein können.
Darum bitten wir ihn um seinen Trost, um seine Hilfe, um seinen Verstand und um seine Gnade und um seinen Willen, daß alle sich mit allen versöhnen. Daß der Haß die Welt verlasse und die Liebe in allen Menschen wohne, um uns von Gottes Zukunft zu erzählen.
Amen.

(auf dem 23. Deutschen Evangelischen Kirchentag, Berlin)

SEGEN ZUM FRIEDEN

Im übrigen meine ich,
Gott, der Herr,
rufe in uns alle guten Dinge und Gedanken,
die in uns schlummern durch die Jahrtausende
in Herz und Hirn und Leib und Seele,
wieder wach.
Alles, was wir oft vergessen,
oder auch für unnütz halten,
oft auch gar nicht wollen,
das freundliche Wort und den guten Blick,
die einfache Weise, miteinander umzugehen,
als wäre jeder ein Stück vom anderen,
und ohne den einen gar nicht möglich.
Und nehme von uns die dunklen Gedanken
des Herrschens und des Kriechens
und das Rechthaben und alle Besserwisserei.
Es ist nicht des Menschen Glück auf Dauer.
Es ist sein Krieg und sein Verderben.

Der Herr möge uns nach seinen Sätzen
den Frieden lehren,
nach seinen Haupt- und Nebensätzen.
Allumfassend, ohne Rest
für den Himmel und für die Erde.
Und nicht nach unseren Grundsätzen,
mit denen wir uns oft genug zugrunde richten,
wenn wir Hintergründe suchen,
um dem Abgrund zu entgehen.

Gott, der Herr, möge uns Jesus Christus
an unsere runden Tische setzen,
auf daß wir ihm auf unseren Gedankengängen
begegnen,

und ohne Furcht die Weltgeschichte überleben.
Jenes Flickwerk aus Eitelkeit und Ruhmsucht,
Glücksspiel und Götzendienst,
Tingeltangel und Totentanz.

Gott, der Herr, mache uns wieder anfällig
für seine Geschichte, die nicht von dieser Welt ist,
nicht erklärbar, keine Diskussionen braucht,
und uns doch tröstet, hoffen läßt, Mut macht,
frohgemut macht.
Und alles in allem Kraft gibt
und uns Zuversicht schenkt.

„Friede sei mit euch –
fürchtet euch nicht!"
Warum bewegen mich diese Worte so tief?
Weil sie so schwer zu glauben sind?
Weil sie so schwer zu machen sind?
Nein, weil sie mich aufrecht halten
in äußerst geschichtlicher Zeit.
Und mich an die Worte des Chrisostomos erinnern:
„Das Kreuz wie eine Krone tragen."
So möge Gott, der Herr, uns über alle Zeiten und
Gezeiten hinwegführen fröhlichen Herzens,
weil wir seinen Frieden in uns tragen,
der uns mit allen und allem versöhnt,
weil seine Liebe in uns wohnt,
die uns unendlich macht,
die uns aber auch zurückholt
zu unseren Tagesresten,
zu unseren Widersprüchen,
zu unseren Konflikten,
uns zurückführt in unsere Wohnküchen,
zu unseren Schlafstätten,
an unsere Schreibtische,
an unsere Drehbänke und Reparaturwerkstätten,

in unsere Studios und Ateliers,
Kindergärten und Altersheime,
um wieder von Neuem zu beginnen,
behutsam zwar, aber um im Laufe der Zeit
immer sicherer zu werden.

Gott, der Herr, verläßt uns nicht,
wenn ich mein Herz mit ihm teile,
so daß ich nichts bin und alles bin,
so daß ich nichts habe und alles habe,
daß ich nichts werde und doch alles werde.

Gott, der Herr, möge unser Glück und unser Leid,
unsere Trauer und unsere Freude
mit seiner grenzenlosen Güte begleiten,
uns im Frieden anfertigen,
machen und halten
immer noch mehr bestärken,
uns ein großes Gefühl dafür geben,
daß einer des anderen Last mittrage.
Und nachsichtig möge er mit uns sein,
wenn alles nicht von heute auf morgen geschehen kann,
weil:
Wir sind seine Kinder von ganzem Herzen,
aber oft noch von halbem Verstand.

Herr, gehe nicht von uns,
darum nicht, und deshalb auch nicht,
wenn wir manchmal noch nicht alles verstehen.
Darum sind wir hier,
um deine Zeichen zu sehen und zu hören
und zu spüren,
wenn wir nach Hause gehen.
Amen.

(aus der Johanneskirche, Köln-Klettenberg)

SEGEN ZUM GELEIT

Im übrigen meine ich
daß Gott uns das Geleit geben möge
Immerdar
Auf unserem langen Weg zu unserer Menschwerdung
Auf dem endlos schmalen Pfad zwischen Gut und Böse
Herzenswünschen und niedrigen Spekulationen
Er möge uns ganz nahe sein in unserer Not
Wenn wir uns im dornigen Gestrüpp der Wirklichkeit verlieren
Er möge uns in den großen anonymen Städten
wieder an die Hand nehmen
damit wir seiner Fantasie folgen können
Und auf dem weiten flachen Land
wollen wir ihn auf unseren Wegen erkennen
Er möge uns vor falschen Horizonten und
dunklen Abgründen bewahren
So daß wir nicht in Richtungen wandern
die uns im Kreise und an der Nase rumführen
Er möge unseren kleinen Alltag betrachten
den wir mal recht und mal schlecht bestehen müssen
Die 12 Stunden Unrast und die 12 Stunden Ruhe vor dem Sturm
Er hat den Tag und die Nacht geschaffen
Hat auch den Alltag gemacht und den Schlaf
Die 12 Stunden eilen und kümmern und laufen
Und sorgen und streiten und ärgern und schweigen
Und die 12 Stunden ausruhen und nichts mehr sehen und hören
Gott hat auch den Traum und das tägliche Leben geschaffen
Und Er möge uns die vielen Streitigkeiten von morgens bis abends verzeihen
Das Hin und Herlaufen zwischen den vielen Fronten

Und all die Vorwürfe
die wir uns gegenseitig machen
Möge Er in herzhaftes Gelächter verwandeln
und unsere Bosheiten in viele kleine Witze auflösen
Wir bitten ihn Zeichen zu setzen und Wunder zu tun
daß wir von all unseren Schuldzuweisungen ablassen
und jedwedem Gegner ein freier Gastgeber sind
Er möge uns von seiner Freiheit ein Lied singen
auf daß wir alle gestrigen Vorurteile außer Kraft
und alle Feindseligkeiten außer Gefecht setzen
Er möge uns von seiner großen zeitlosen Zeit
ein Paar Stunden abgeben
Und – Er kann gewiß nicht überall sein – Er möge in
unsere Stuben kommen und unsere Habseligkeiten
segnen, unsere Tassen und Teller, die Kanne, die
Zuckerdose und den Salzstreuer, die Essigflasche
und den Brotkorb
Er möge vor allem die Kinder schützen und die Tiere
vor jeglicher Willkür
Ja, Er möge sich zu uns an den Tisch setzen und
erkennen
Wie sehr wir ihn alle brauchen, überall
auf der ganzen Welt
Denn wer will uns erlösen von all unserem welt-
geschichtlichen Wahn
Auch von unseren täglichen Lebenskonflikten
Gott unser Herr möge auch manchmal ein Macht-
wort sprechen
Mit all jenen Herren die sich selber zu Göttern ernannt
Die Menschen durch Maschinen ersetzen und für
Geld Kriege führen
Und mit Drogen alle Zukunft zerstören
Er möge sich unser erbarmen
Am Tage und in der Nacht
In der großen Welt und in der kleinen Welt unseres
Alltags

In den Parlamenten, in den Chefetagen der Industrie
Und in unseren Küchen
Er möge uns unsere Krankheiten überstehen lassen und uns in der Jugend und im Alter seine Schulter geben, damit wir uns von Zeit zu Zeit, von Gegenwart zu Gegenwart, an ihn anlehnen können, getröstet, gestärkt und ermutigt. Amen.

(auf dem liturgischen Fest im 24. Deutschen Evangelischen Kirchentag in der Westfalenhalle, Dortmund)

Segen gemeinsam leben

Im übrigen meine ich
Daß Gott der Herr
Der mit uns ist
In unseren Köpfen und Herzen
Weitere Gedanken anstiften möge
Die uns noch mehr zusammenführen
die uns noch mehr zusammenwachsen lassen
Uns alle, auf dem Kreis der Erde
Geschöpfe aller Art und Kreaturen aller Arten
Daß Gott der Herr
Der mit uns ist
Um seinetwillen uns neue Ideen schenke
Wie wir unsere alten Vorurteile weiter abbauen
Daß wir erkennen daß all unsere Urteile bis hierher
Kleine engstirnige und engherzige Possen waren
Mit denen wir uns selbst im Wege standen
Die uns nicht Freunde, sondern Feinde brachten
Die uns kein gutes Werk tun ließen
Sondern uns nur höhnisch und hämisch machten
Bis wir unsere Nachbarn verachteten
sogar verteufelten
Dies ist der Lange Weg des Menschen
Der vom Haß bis zur Liebe geht
Von der Furcht zur Ehrfurcht
Vom Übermut bis zur Demut um Gottes willen
aber auch um unseretwillen
Da wir Gottes Kinder sind
Auf der Suche nach Frieden und Gerechtigkeit
Versöhnung und Bewahrung der Welt, seiner Welt, um Gottes willen
Möge Gott dem Herrn
Der mit uns ist
Unsere Suche gefallen

Möge er unsere Versuche gnädig betrachten
unser Glauben und unser Zweifeln
Wir können, wenn wir wollen, alles hinter uns lassen
Wir können mit Gottes Willen jederzeit neu anfangen
Gott ist die Gnade und die Freiheit, ist Trost und
Vergebung
Gott ist nicht das Argument, sondern die Versöhnung
Drum möge er uns noch einmal und immerfort
Zu den Glücklichen führen
In denen wir seinen Willen und seine Wahrheit
Seine Zukunft und seine Zeichen spüren
In denen wir uns hingeben an seine Welt
Der unbegrenzten Weite
In der wir ganz deutlich fühlen
Daß uns nichts trennt
Weil er uns zusammenführt
Daß in uns kein Zorn mehr aufkommt
Sondern Seligkeit und süßes Wissen
Daß die Reise angefangen hat
Die Reise zum Frieden und zur Befreiung
Von allem Zwang
Daß wir von unseren kleinlichen Spielen lassen
können
Hochmut und Größenwahn lächerliche Geschichten
werden
Freundlichkeit in unser Herz einzieht
Damit sein Wille geschehe:
Und das sind die Güte und die Sanftmut
Die Übersicht über alle Horizonte
Die Hoffnung und die Heiterkeit
Die Rettung und das Aufgehobensein:
Gott hebt uns auf, wenn wir straucheln
Wenn wir in Fallen laufen, uns verrennen in törichte
Berechnungen

Gott nimmt uns in seinen Arm, wenn wir müde sind
Und führt uns durch Finsternis und falsche Nacht
Wenn wir die Augen schließen
Er kennt das Ziel, denn er ist das Ziel
Er ist die Sprache und das Licht
Er öffnet unsere Augen und Ohren, läßt uns mit allem eins sein
Um unseretwillen, um seinetwillen, um Gottes willen
Amen

(auf dem liturgischen Fest im regionalen Kirchentag, Köln)

WEN DER HIMMEL RETTEN WILL DEM SCHENKT ER DIE LIEBE

Laotse

Ich setze auf die Liebe
Wenn Sturm mich in die Knie zwingt
Und Angst in meinen Schläfen buchstabiert
Ein dunkler Abend mir die Sinne trübt
Ein Freund im anderen Lager singt
Ein junger Mensch den Kopf verliert
Ein alter Mensch den Abschied übt

Das ist das Thema
Den Haß aus der Welt zu entfernen
Und wir bereit sind zu lernen
Daß Macht Gewalt Rache und Sieg
Nichts anderes bedeuten als ewiger Krieg
Auf Erden und dann auf den Sternen

Die einen sagen es läge am Geld
Die anderen sagen es wäre die Welt
Sie läg in den falschen Händen
Jeder weiß besser woran es liegt
Doch es hat noch niemand den Haß besiegt
Ohne ihn selbst zu beenden

Er kann mir sagen was er will
Und kann mir singen wie er's meint
Und mir erklären was er muß
Und mir begründen wie er's braucht
Ich setze auf die Liebe! Schluß.